MOYENS FACILES

D'OPÉRER

LA RÉDUCTION ET LA CONVERSION

DES RENTES,

EN CONCILIANT LES VUES DU GOUVERNEMENT ET DE LA LÉGISLATURE
AVEC LES INTÉRÊTS DES CRÉANCIERS DE L'ÉTAT.

Par J.-B. Déchalotte fils,

Employé à la guerre;

Auteur de deux ouvrages sur le commerce et les finances,
publiés en 1829 et 1832.

PARIS.

DELLOYE, LIBRAIRE-ÉDITEUR,

PLACE DE LA BOURSE, 13.

1840.

MOYENS FACILES

D'OPÉRER

LA RÉDUCTION ET LA CONVERSION

DES RENTES.

IMPRIMERIE LE NORMANT, RUE DE SEINE, 8.

MOYENS FACILES

D'OPÉRER

LA RÉDUCTION ET LA CONVERSION

DES RENTES,

EN CONCILIANT LES VUES DU GOUVERNEMENT ET DE LA LÉGISLATURE
AVEC LES INTÉRÊTS DES CRÉANCIERS DE L'ÉTAT.

Par J.-B. Déchalotte fils,

Employé à la guerre ;

Auteur de deux ouvrages sur le commerce et les finances,
publiés en 1829 et 1832.

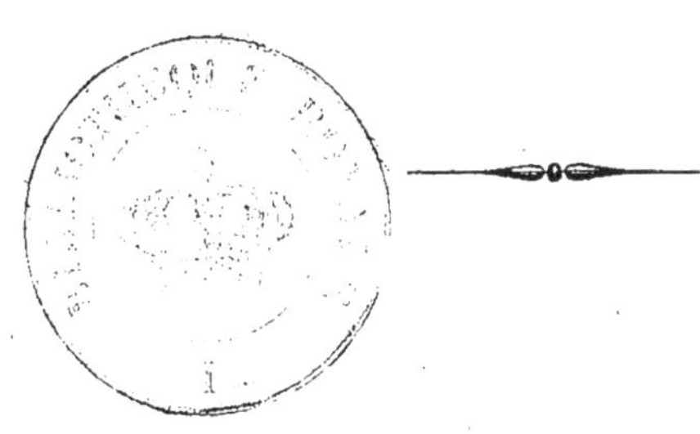

PARIS.

DELLOYE, LIBRAIRE-ÉDITEUR,

PLACE DE LA BOURSE, 13.

1840.

Les mesures nécessaires ayant été prises, les contrefacteurs seront poursuivis et atteints conformément aux lois.

TABLE DES MATIÈRES.

AVANT-PROPOS.

Une preuve que l'agiotage n'a eu et n'aura toujours que de fâcheux incidens d'origine et de con-
tinuité à faire valoir ou à citer, c'est que, corrom-
pant et flétrissant malheusement trop de monde,
jamais personne n'osera se déclarer son défenseur
officieux.

Depuis 1830, beaucoup de gens désirent, de-
mandent, veulent absolument que les rentes per-
pétuelles au-dessus du pair soient remboursées à
cent francs de capital ou réduites d'*un cinquième*
en intérêt.

Il y avait également dans la nation française
une classe qui, à partir de 1824 jusqu'à la révolution de juillet, provoquait constamment à la
prise en considération des mêmes mesures financières. Cette allégation ne pouvant être nullement
contestée, nous n'en parlerons plus guère, attendu
que l'ouvrage des intrigues et des manœuvres
scandaleuses des jeux de bourse en dit assez sous
ce rapport.

Cependant examinons très-attentivement et sans

partialité le fond des expressions solennelles consacrées par l'art. 61 de la *Charte constitutionnelle*,
qui était autrefois l'art. 70 et qui forme l'exposé
des motifs du projet conciliateur de l'auteur.

Qu'y trouvera-t-on de remarquable? Que le plus
grand logicien du siècle ne pourra jamais y voir
autre chose qu'une décision souveraine prise irrévocablement avec une pure bonne foi, et qu'il
n'est permis à aucune autorité de transgresser, à
moins de faire l'emploi des moyens astucieux et
arbitraires, comme nous l'avons déjà vu sous le
règne précédent qui, nous l'espérons, ne trouvera
point d'imitateur.

Mais aussi que dirons-nous? Que les plus graves
intérêts ne peuvent plus aujourd'hui trouver que
dans la *constitution* une puissante protection contre
les envahissemens désordonnés des agioteurs, et
contre la violation des droits légitimes de la société, d'une société nombreuse, confiante et intéressante, qu'une faible fraction de cette société,
fraction remuante et insatiable, spéculant sur les
services rendus ou à rendre, voudrait totalement
méconnaître et faire oublier, parce qu'elle désire
tout accaparer pour devenir dispensatrice de la
fortune publique.

Cela n'est plus possible.

D'abord, quant au remboursement, il y a lieu
de croire que l'idée de pouvoir l'exécuter rentre
dans la plus complète des impossibilités, puisque,

d'une part, il faudrait les *trois cinquièmes* du nu-
méraire qui existe en France (on l'estime à une
valeur de *cinq milliards de francs*, non compris
240 millions environ de billets de banque) pour
satisfaire à tous les besoins des services publics et
de la circulation générale dans les affaires [1]; et
que, d'autre part, ne pouvant l'être simultanément
à la masse des réclamations, on ne doit à juste titre
envisager dans cette ridicule prétention qu'une
des plus grandes folies des spéculateurs, ou bien
un leurre tout à fait coupable que la probité com-
mande de frapper et frappe justement d'une réprobation universelle. Il convient de dire en outre
qu'il n'appartient à qui que ce soit de prévoir ou
de préciser la quotité et la somme des demandes
de remboursement, s'il y a lieu, au défaut des
clauses du caractère d'irremboursabilité.

[1] Il serait curieux de voir tout l'argent monnayé réuni en un seul
bloc (2,942,405,300 fr.) ; soit en somme ronde 2,942,400,000 fr.

Ainsi, comme on sait que 100 fr. pèsent 5 hect., les 2,942,400,000 fr.
pèseraient 14,712,000 kilogrammes. Or, 522 millimètres cubes d'argent
pesant 566 kilogr. 250 grammes, les 14,712,000 kil. représenteraient
12,925 mètres 500 millim. cubes, c'est-à-dire un bloc de 10 mètres
950 millim. dans tous les sens (longueur, largeur et profondeur).

D'un autre côté, il faudrait le nombre de 14,712 chevaux d'attelage
traînant chacun 1,000 kilogr. et, en raison de la nécessité de le ras-
sembler de tous les points de la France, on doit calculer sur une
moyenne de 10 jours de route pour avoir cet argent.

Mais si, alors même que quelques financiers peuvent le croire, il ne
fallait effectuer le remboursement que sur la moitié ou sur le tiers de
la totalité des 5 pour 100, le calcul à faire déterminerait très-facile-
ment les modifications à apporter aux résultats ci-dessus.

A ce sujet, on n'a jamais voulu comprendre ou plutôt convenir que le remboursement ne peut pas ou du moins ne pourrait que très-peu aboutir à être profitable au commerce et à l'industrie; car, en sortant de la rente, un capital est aussitôt remplacé par un autre capital, vu qu'il n'y a jamais de vendeur sans un acheteur, et vu que ce qui serait reçu par les uns serait payé par d'autres.

Ensuite, pour ce qui concerne la réduction, si un jour le principe devait être admis d'une manière décisive, il faut bien se persuader qu'il devient de toute nécessité d'en approfondir le véritable esprit, d'en discuter le bon droit par des explications susceptibles de conserver la confiance au lieu de la détruire, enfin de savoir surtout imaginer les meilleures dispositions pour l'appliquer avec convenance, avec ménagement et avec l'équité la plus irréprochable.

Ce n'est qu'alors que le système de réduction sera très-utile et avantageux pour toutes les transactions financières, commerciales et industrielles par la baisse du taux de l'escompte sur la généralité des valeurs négociables; et en même temps pour obvier aux économies forcées dans les relations privées des ménages, comme par conséquent pour ne pas arrêter le cours habituel de la recette du commerce et du débitant, par le fait seul d'une restriction dans les dépenses journalières sur tous les objets de première nécessité ou propres à l'existence.

On ne parle que de remboursement ; mais ce n'est que la réduction que l'on veut, qu'elle se fasse sous une forme ou sous une autre.

Voyons en ceci tous les principaux points à éclaircir, le but qu'il faut atteindre, celui auquel on doit se proposer d'arriver, et peut-être aussi celui où l'on est arrivé.

La France ne demande que du repos ; elle est fatiguée de conceptions mensongères et menaçantes, d'agitations désorganisatrices ; et, à cet effet, souvenons-nous que le mécontentement, puis la désaffection, se propagèrent dès 1824 et de plus en plus après l'illumination qui eut lieu dans presque toutes les rues de Paris à la suite du rejet populaire fait cette année d'une loi pareille par la Chambre des Pairs, jusqu'à des réactions, jusqu'à la révolution de 1830.

Cette Chambre rejeta encore, en 1838, une loi de remboursement ou de réduction de l'intérêt de la rente.

Comment avec l'ordre, la liberté, la paix, on en est toujours à copier les pitoyables combinaisons de la mesure qui fut présentée sous la restauration par un ministre des finances, président du conseil, qui gouverna pendant sept ans la France qu'il bouleversa si cruellement et humilia si profondément durant toute cette période de vicissitudes accusatrices et révoltantes ; et on les voudrait malgré les clauses formelles d'une charte octroyée qui fait la joie comme l'admiration de toute cette France régénérée[1]! Mais non ; l'ordre et la liberté, c'est à la fois l'honneur et la générosité ; la paix, c'est le bonheur et la sécurité. Non, non, il n'est pas rationnel, il ne serait point délicat, il ne devient plus admissible et tolérable de soulever de nouveau les imaginations, et de briser par les mêmes moyens les fortunes des créanciers de l'État, particulièrement le modique avoir de ceux qui sont à leurs dernières années de la vie, et où l'âge, les maladies, les infirmités multiplient les besoins des individus en accroissant les charges des familles : on porterait trop atteinte à leur existence, et ce serait inhumain, ce serait perfide, ce serait indigne de la haute réputation du pays et de la fierté nationale.

L'Europe contemple et contemplera toujours d'une manière jalouse le gouvernement français, tant qu'elle le verra remplir ses engagemens avec régularité et bonne foi. Or, honte et malheur à l'esprit qui lui donnerait actuellement les dangereux conseils de s'en écarter ! Mais rassurons-nous : étant éclairé et prudent, il ne faillira jamais devant les menées de la ruse, de l'intrigue et de l'agiotage,

---

[1] Peut-être arrivera-t-il un jour où je serai obligé de faire connaître avec une juste réserve tous les hommes célèbres ou illustres que j'ai connus d'assez près, et bien des choses que j'ai vues dans les différentes affaires ; mais, comme ce n'est point ici le cas, je me bornerai à donner copie, à la page 56 de cet ouvrage, de deux petites lettres qui me furent écrites par MM. Labbey de Pompières et La Fayette.

qui tendent des piéges à sa louable réserve et qui cherchent à la déborder de tous les côtés pour presser l'action de gré ou de force.

Au surplus, la vérité est, grâce au ciel, de nos jours une route pour arriver jusqu'aux pieds du trône ; c'est pourquoi la sagesse royale, le pouvoir, les Chambres et le bon sens national ne voudront, pour décider le principe et les difficultés de la question dont il s'agit, que ce qu'il y a de mieux à faire.

Le projet dont le développement suit a été rédigé avant les discussions législatives de l'année 1838. Il a eu l'insigne honneur de passer sous les yeux du Roi, qui a daigné le renvoyer à l'examen de M. le ministre des finances; ce ne fut, il est vrai, qu'après l'adoption d'un autre projet de la Chambre des Députés conçu par elle, mais non présenté ni approuvé par l'administration, et avant le rejet de ce dernier projet par la Chambre des Pairs, puisque, la date de l'envoi à Sa Majesté étant du 28 mai, les débats n'eurent lieu au palais du Luxembourg que du 19 au 25 juin.

On le soumet maintenant au jugement de toutes les autorités constituées, de tous les hommes animés de sentimens généreux, et, en définitive, de tous les rentiers dont la position de fortune, d'aisance ou du plus strict nécessaire, peut se trouver gravement compromise ou en bonne voie de protection et d'une façon tout opposée, selon les mauvais penchans ou la sublime vertu qui dirigent les siècles.

Toutefois et en conséquence un de MM. les membres de la Chambre des Pairs prononça, le 23 juin 1838, à la tribune de cette Chambre un superbe discours en faveur de tous les créanciers du gouvernement (voir le *Moniteur* du 24). Ce discours plein de verve, de raison et de philanthropie, donna quelques détails plus ou moins positifs sur l'état des choses, sur l'ensemble des combinaisons à établir, et sur la pose des chiffres, pour arriver à une situation générale qui en rendît facilement la mise à exécution; mais ses conceptions financières et conciliatrices reposant à peu près sur les mêmes bases que celles du projet actuel, qui était fait et avait été envoyé à la Couronne le 28 mai précédent, font obtenir une grande efficacité à ce projet, puisque le noble pair de France a avancé que, si sa proposition recevait l'assentiment de ses honorables collègues, il ne doutait nullement de l'acceptation et du vote de la Chambre des Députés.

Ainsi, attendons avec tranquillité et avec une entière confiance.

Si des mesures semblables à celles du passé étaient encore présentées, qu'elles le soient sous la forme de conversion quelconque, combinée avec l'option du remboursement par séries, ou bien sous la condition d'assujettir les porteurs de rentes

à un impôt, nous nous proposons de les combattre
en temps et lieu et face à face des anciens systèmes de leurs ardens promoteurs, comme des opinions nouvelles à émettre.

Le 5 pour 100 flottant entre 111 et 112 fr.; le
4 et demi entre 107 et 108 fr.; le 4 entre 102 et
103 fr.; enfin le 3 entre 80 et 81 fr. : il semble
qu'on ne pouvait établir qu'un seul projet d'option,
et ce serait celui de la création d'un 3 et demi
pour 100 au cours moyen de 84 à 85 fr. pour con-
vertir les fonds au-dessus du pair, car le 4 et le
4 et demi pour 100 sont aussi bien réductibles et
remboursables, s'il y a lieu, que le 5 pour 100.
C'est du moins la combinaison mise en avant par
M. le ministre actuel de l'intérieur, dans la séance
de la Chambre des Députés du 18 avril 1838;
mais alors ne serions-nous pas dans un labyrinthe?
Ne tomberions-nous pas ensuite dans l'agiotage
tout habillé? L'avenir n'offrirait donc plus qu'un
gouffre affreux, à la vérité de fortunes pour les
uns, et infailliblement de commotions, de perturbations et de ruines pour les autres.

En présence de tous ces faits, nous voyons que
M. le ministre des finances a présenté le 16 janvier 1840 son projet attendu avec tant d'impa-
tience. Et quel est-il ce projet? Commençons d'a-
bord par faire connaître les clauses de celui qui a été
formulé en 1838 sous l'initiative de la Chambre
des Députés; puis nous les comparerons ou bien

en fait de rédaction, ou bien en ce qui concerne toutes les conditions qu'ils renferment.

PROJET DE 1838.

—

Art. 1er. Le ministre des finances est autorisé à substituer aux rentes 5 pour 100, inscrites au grand-livre de la dette publique, des rentes constituées à un moindre intérêt, soit qu'il rembourse le 5 pour 100 au moyen de la négociation de rentes nouvelles, soit qu'il opère par échange de titres.

Art. 2. L'opération ne pourra être faite qu'autant,

1° Qu'elle aura conservé aux propriétaires des 5 pour 100 la faculté d'opter entre le remboursement du capital nominal, à raison de 100 fr. pour 5 fr. de rentes, et la conversion en rentes nouvelles ;

2° Qu'elle donnera pour résultat définitif, sur l'intérêt des rentes échangées, une diminution effective, par 5 fr. de rentes, de 50 c. au moins, et que le capital nominal des rentes substituées ou négociées ne présentera dans aucun cas une augmentation de plus de 20 pour 100 sur la somme qui aurait été remboursée ;

(M. le rapporteur de la commission (frère dudit ministre, voulait 70 et 23 au lieu de 50 et 20. (Voir au *Moniteur* son rapport du 4 avril 1838.)

3° Que l'exercice du droit de remboursement sera suspendu pendant un délai de douze années, pour les rentes

émises au pair, à compter du jour de leur émission.
(L'avis de ce rapporteur n'était que pour un délai de six années. (Voir le même *Moniteur.*)

ART. 3. Le remboursement des 5 pour 100 pour lesquels la conversion n'aura pas été acceptée, pourra être effectué par séries ; il ne sera obligatoire pour l'État que jusqu'à concurrence du capital des séries appelées.

Des ordonnances royales rendues sur la demande du ministre des finances, et insérées au *Bulletin des Lois,* détermineront dans les limites prescrites par la présente loi, le mode, la forme et les délais dans lesquels le remboursement et la conversion devront être réalisés.

Tout propriétaire de rentes 5 pour 100 qui n'aura pas fait sa déclaration d'option avant l'expiration du délai ainsi fixé, sera censé avoir accepté la conversion dans celle des valeurs nouvelles qui sera émise au pair.

ART. 4. Sont exceptées des dispositions de la présente loi, provisoirement et jusqu'à ce qu'il y ait été pourvu par des lois spéciales, les rentes 5 pour 100 possédées par les communes et par les établissemens publics de charité et de bienfaisance légalement autorisés.

ART. 5. Indépendamment de la faculté accordée par l'art. 1er, le ministre des finances est autorisé, pour effectuer le remboursement des rentes 5 pour 100, à négocier des bons du Trésor et à disposer de la réserve possédée par la caisse d'amortissement.

ART. 6. La part d'amortissement attribuée aux rentes 5 pour 100, remboursées ou converties, sera transportée aux rentes qui leur seront substituées, à partir du jour de l'inscription de ces nouvelles rentes sur le grand-livre de la dette publique.

Ce transport, conformément à l'art. 1er de la loi du

10 juin 1833, indiquera séparément le montant des dotations et celui des rentes rachetées.

ART. 7. Tous titres, actes et expéditions à produire pour le remboursement ou la conversion de la rente, en tant qu'ils serviront uniquement aux opérations nécessitées par la présente loi, seront visés pour timbre et enregistrés gratis, pourvu que cette destination y soit exprimée.

ART. 8. Le ministre des finances rendra un compte détaillé de l'exécution de la présente loi dans les deux mois qui suivront l'ouverture de la prochaine session des Chambres.

PROJET DE 1840.

ART. 1er. A dater de la promulgation de la présente loi, le ministre des finances sera autorisé à rembourser celles des rentes inscrites au grand-livre de la dette publique qui auront dépassé le pair.

L'opération s'effectuera soit au moyen de remboursement direct, soit au moyen de la négociation de rentes nouvelles, soit par échange de titres.

ART. 2. Aucune de ces opérations n'aura lieu qu'autant que les propriétaires des rentes auront été mis en demeure d'opter entre le remboursement du capital nominal et la conversion en rentes nouvelles.

ART. 3. Le remboursement du 5 pour 100 n'aura lieu

qu'aux conditions suivantes : Il devra donner pour résultat définitif sur l'intérêt des rentes échangées, une diminution effective, par 5 fr. de rente, de 50 c. au moins,
et le capital des rentes substituées ou négociées ne présentera dans aucun cas une augmentation de plus de
20 pour 100.

Toutefois, les propriétaires de rentes 5 pour 100 qui,
au moment de l'acceptation d'un nouveau titre, déclare-
ront vouloir continuer à toucher les arrérages sur le pied
de 5 pour 100, en obtiendront le droit sous la condition
que, lors du payement de chaque semestre, le capital de
leur rente sera diminué du montant de l'excédant d'intérêt qu'ils auront reçu, et qu'en cas de transfert ou de
mutation, la rente qu'ils possédaient ne sera plus payée
que conformément à son titre et au montant du capital,
dont l'État restera redevable.

L'exercice du droit de remboursement sera suspendu
pendant un délai de dix années pour les rentes nouvelles,
à la création desquelles aurait donné lieu le remboursement de 5 pour 100, à dater du jour où l'opération
aura été terminée.

Art. 4. Le remboursement des rentes pour lesquelles
la conversion n'aura pas été acceptée pourra être effectué
par séries. Il ne sera obligatoire pour l'État que jusqu'à
concurrence du capital des séries appelées.

Les ordonnances royales rendues sur la demande du
ministre des finances, et insérées au *Bulletin des Lois*,
détermineront dans les limites prescrites par la présente
loi, le mode, la forme et les délais dans lesquels le remboursement et la conversion devront être réalisés.

Tout propriétaire de rente appelé au remboursement,
qui n'aura pas fait sa déclaration d'option avant l'expira-

tion du délai ainsi fixé, sera censé avoir accepté la conversion dans celles des valeurs nouvelles qui seraient émises au pair.

Art. 5. Le ministre des finances est autorisé, pour effectuer le remboursement des rentes, à négocier des bons du Trésor et à disposer de la réserve possédée par la caisse d'amortissement.

Art. 6. La part d'amortissement attribuée aux rentes qui viendront à être remboursées ou converties, sera transportée aux rentes qui leur seront substituées à partir du jour de l'inscription de ces nouvelles rentes sur le grand-livre de la dette publique.

Ce transport, conformément à la loi du 10 juin 1833, indiquera séparément le montant des dotations et celui des rentes rachetées.

Art. 7. Tous titres, actes et expéditions à produire pour le remboursement ou la conversion des rentes, en tant qu'ils serviront uniquement aux opérations nécessitées par la présente loi, seront visés pour timbre et enregistrés gratis, pourvu que cette destination soit exprimée.

———

Il n'y a absolument que deux choses qui diffèrent dans les projets de 1838 et de 1840; c'est le huitième article qui manque au dernier, et c'est de plus la condition que tous les établissemens publics de charité et de bienfaisance sont assujettis à subir les conséquences que le premier projet ne comportait pas.

Le pays doit en appeler de nouveau à la pairie. Il n'est pas possible de lui donner plus d'occasions de victoires.

C'est encore là que nous avons beau jeu avec nos adversaires constans ou résolus, incertains ou versatiles, et nous éprouvons le plus grand plaisir de les voir s'y piquer, au hasard d'en finir par un bon et dernier coup sur tous les points de la controverse.

Nous disons donc : Voici déjà un complément de réflexions sur l'immoralité de toutes les dispositions capitales qu'on voudrait faire adopter ; et au besoin nous pourrons dire : Voilà nos réfutations matérielles ou de chiffres sur leur ensemble, aussi peu digne qu'il est erroné et toujours plein d'artifices.

A cet égard, ne craignons point d'affirmer que nous avons constamment bien compris que nos grands faiseurs ou plutôt nos persévérans conversionistes ont donné jusqu'à ce jour à la mesure, avec ou sans intention, différentes tournures d'égoïsme et de cupidité, ce qui n'est guère honorable ; mais avouons de même que nous n'avons jamais pu comprendre que des opinions divergentes dussent lui donner annuellement un aspect tout politique.

Dès lors ne semble-t-il pas raisonnable de croire qu'elle ne doit pas plus fléchir devant les unes que tenir à l'autre? Et néanmoins sa solution s'est, en tout état de cause, trouvée suspendue par ces seuls faits : aussi c'est ce qui sera démontré par nos conclusions traitant forcément des diverses matières à la suite d'un enchaînement d'idées presque inévitable et irrésistible.

Le malencontreux projet de 1840 ne mérite plus la peine d'une longue discussion; les désastres qu'il produirait ne sont point une exagération; toutes les réfutations à y faire se trouveront suffisamment établies par la presse, si elle le veut, et plus particulièrement dans le *Journal des Débats* et dans le *Constitutionnel*, quand bien même il n'y aurait que les numéros des 17, 18, 20 et 23 janvier qui en promettent d'autres avec preuves à l'appui.

Mais sans cela, tel ou tel des représentans de la France n'a qu'à prendre les *Moniteurs* des 9 et 26 juin 1838, à monter à la tribuue et à relire textuellement, sans le moindre commentaire, le rapport et les conclusions de la commission instituée par la Chambre des Pairs.

Il est impraticable; il devient tout à fait impossible : sa présentation n'est qu'une nouvelle imprudence bien surprenante, une entreprise fort mal entendue, une démarche très-inconsidérée vis-à-vis de la Chambre haute.

Quant à ses partisans et à ses adversaires d'autrefois ou d'aujourd'hui, nous ne les citerons point personnellement, et si, dans le cours de toutes nos dissertations, le lecteur vient à rencontrer quelques noms propres, ce ne seront du moins que ceux d'hommes qui n'existent plus. Tout ce qu'il faut éviter dans un ouvrage du genre de celui-ci, c'est qu'il pût donner la plus petite prise aux accusations d'être un pamphlet.

Tout mon travail était presque terminé lorsqu'on déroula, il y a quelques jours, le dernier plan ministériel qui précède, devant la Chambre élective. A mon avis, il est encore jugé, et du reste, toute personne pénétrée de la question, doit prévoir le sort malheureux qui l'attend; c'est pourquoi j'en ai parlé plutôt ici que dans mes résumés, parce que je suis convaincu qu'il n'y a plus qu'à s'occuper des seules combinaisons qui suivent.

Au surplus, le deuxième paragraphe de son art. 3 contient l'idée des rentes viagères sous le point de vue des cas de transfert ou de mutation; car il est certain que, s'il ne veut pas céder son inscription de rente, le titulaire se trouvera le même, et alors il serait censé recevoir l'intérêt intégral de 5 pour 100 pendant tout le temps de son existence; mais aussi ce serait à la condition que le capital de ce fonds éprouverait tous les semestres une diminution équivalente au montant de l'excédant d'intérêt reçu.

Une fois l'à-propos mis en pratique, y a-t-il de la loyauté même avec le consentement dés parties?

Non, non! c'est absolument comme si l'on disait : J'acquiesce à vous payer, pour six mois d'intérêt, la somme de 2 fr. 50 c. sur laquelle je vous retiendrai 25 c, ; et au bout de dix ans (troisième paragraphe du même art.), je pourrai vous rembourser le capital de 100 fr., si vous n'adhérez pas à une autre réduction semestrielle de 25 c. (le douzième paragraphe de l'exposé des motifs le déclare positivement).

Voyons : tous ces calculs ne sortent pas d'une source susceptible d'être beaucoup admirée ; en effet, la baisse des capitaux placés en rentes 5 pour 100 devrait être proportionnée à la perte sur l'intérêt : dès lors toute espèce de bienveillance disparaît envers le porteur.

D'un autre côté, comment est-il croyable qu'une telle combinaison a pu être faite sur ce seul 5 pour 100, quand les 4 et 4 et demi pour 100 sont en situation de supporter les mêmes atteintes ?

Et comment encore peut-on supposer que les rentiers en 5 pour 100 vont consentir à recevoir 100 fr. par un remboursement capitalisé, lorsqu'ils pourront vendre de 106 à 112, et peut-être plus sur le marché? Mais on calcule qu'ils auront consenti à la conversion, et qu'alors le consentement n'entraîne que le désir de garder et non de vendre.

Il n'y a rien, en outre, d'habile dans les remboursemens par séries; et il n'y a rien de possible, de satisfaisant et d'équitable dans tous les projets qui en portent la faculté avec d'autres considérans. Selon toutes les apparences, il ne faut pas s'arrêter

à l'augmentation du capital de 20 pour 100 au plus
en faveur des rentiers, ni à la diminution de 50 c.
au moins sur l'intérêt à l'avantage du Trésor. Il
est assez clairement reconnu qu'il n'y a, d'une
part, que fiction, et d'autre part, qu'une économie sans quotité. C'est toujours un de ces fantômes
entortillés dans le vieil accoutrement du temps de
la restauration. Il aurait donc le triste expédient
de faire tomber au-dessous de 100 fr. et de faire
perdre d'un seul coup de filet de 10 à 12 fr. aux
séries appelées. Qui peut affirmer le contraire?

Vouloir franchement le vaste système des extinctions non dissimulées, c'est tout ce qu'il y a
de mieux à faire : il peut au moins donner la preuve
d'un bénéfice annuel acquis à l'État, tandis que
celui de 1840 n'en démontre aucun, même approximativement.

LETTRE

Sire,

Auteur de plusieurs ouvrages imprimés sur les finances, le commerce et l'industrie, permettez que j'aie l'honneur de faire hommage à Votre Majesté d'un projet de finances sur l'importante question des rentes.

Remplissant ce devoir avec un grand dévouement, veuillez, Sire, excuser la liberté que j'ose prendre d'adresser à Votre Majesté le résultat de mes travaux, uniquement conçus dans des vues d'intérêt général.

Je suis avec un très-profond respect, Sire, de Votre Majesté, le très-humble, très-obéissant et très-fidèle serviteur,

Signé J. B. Déchalotte fils.

RÉPONSE.

Maison du Roi.

Le chef du secrétariat a l'honneur d'informer M. Déchalótte fils que le projet sur les rentes qu'il a adressé au Roi a été envoyé à M. le ministre des finances.

Carrousel, 5 juin 1838.

LETTRE

DE M. LE MINISTRE DES FINANCES DU 13 JUIN 1838.

Ministère des finances. — Accusé de réception d'un projet de finances.

Il a été fait renvoi au ministre, Monsieur, du projet que vous avez adressé au Roi, le 28 mai dernier, concernant les rentes 5 pour 100.

Déjà des projets semblables sont parvenus à l'administration des finances, et il en a été pris note pour y recourir, le cas échéant.

J'ai, Monsieur, l'honneur de vous saluer avec considération.

Signé B. DE SAINT-SIMON,
Directeur de la dette inscrite.

AU PRINCE ROYAL.

Paris, le 6 septembre 1838.

Monseigneur,

En 1832, je pris la liberté de solliciter une audience de Votre Altesse Royale, et je fus assez heureux de pouvoir lui remettre moi-même et lui faire hommage d'un de mes ouvrages dont voici le titre : *Description de toutes les manœuvres et de toutes les intrigues scandaleuses employées et tolérées à la Bourse de Paris, depuis 1823.*

Comme je m'occupe depuis longtemps d'un autre grand

travail sur l'importante question des *rentes remboursables ou réductibles*, j'ai, au moment de la discussion de cette grave matière à la Chambre des Députés, et dès lors, avant le profond examen qui en est encore ressorti cette année à la Chambre des Pairs, fait hommage au Roi, l'auguste père de Votre Altesse Royale, d'un projet de finances établissant autant la prévoyance que la conciliation vis-à-vis de tous les porteurs du 5 pour 100, offrant non moins de sécurité dans le présent que d'avantages pour l'avenir en faveur du crédit général comme du Trésor public.

Mais, attendu que Votre Altesse Royale doit un jour succéder au trône de France, n'est-il pas du devoir de tout bon Français de lui soumettre désormais, plutôt qu'à qui que ce soit, tout ce qui peut concourir à donner des éclaircissemens ou à suggérer des idées sur la plus grande et la plus périlleuse des mesures législatives qui se soit déjà présentée trois fois depuis 1824, et qui est peut-être celle dont l'autorité de prérogative ou d'administration doit vraisemblablement le plus mûrir l'examen auparavant d'en proposer et d'en sanctionner la mise à exécution ?

Par ces motifs, Monseigneur, qu'il me soit permis de vous adresser aussi la copie de ce plan financier, et d'y joindre également copies de la lettre d'envoi à Sa Majesté et de la réponse qu'elle a daigné y faire.

Les dix articles et les observations à la suite de ce projet développant le sens et les résultats qu'il peut présenter, il ne me reste plus qu'à supplier instamment Votre Altesse Royale de vouloir bien l'étudier attentivement pour en devenir le juge suprême d'abord, et ensuite pour voir s'il ne serait pas digne de fixer également l'attention toute particulière de M. le ministre des finances, de qui vont bientôt dépendre sur ce point de grands ou faibles débats, peut-être même le sort financier du pays.

En vous priant de m'excuser et de croire à mes vœux bien sincères pour le bonheur de toute l'auguste famille qui fait la prospérité en même temps que l'admiration de la France,

Je suis avec le plus profond respect, Monseigneur, de Votre Altesse Royale, le très-humble, très-obéissant et très-fidèle serviteur,

Signé J. B. Déchalotte fils.

RÉPONSE.

Secrétariat de S. A . R. M. le duc d'Orléans.

Le secrétaire des commandemens de monseigneur le duc d'Orléans a l'honneur d'informer M. Déchalotte fils que sa lettre a été mise, avec le plan qui l'accompagnait, sous les yeux de S. A. R., et que l'une et l'autre ont été, par son ordre, renvoyés à M. Lacave-Laplagne, ministre des finances.

Tuileries, le 18 septembre 1838.

Paris[1], le 24 août 1839.

*A monsieur H. Passy, ministre secrétaire d'Etat
au département des finances.*

Monsieur le Ministre,

Auteur, en 1829, d'un ouvrage imprimé intitulé :
« RÉFLEXIONS soumises à M. le duc de Gaëte sur les
« moyens de prévenir les abus qui se commettent fré-
« quemment dans les règlemens d'affaires commerciales
« de la place de Paris, et sur la nécessité d'apporter de
« grandes améliorations aux *statuts de la Banque de*
« *France.* »

> (Un banquier de la capitale a basé une partie de ses opéra-
> tions actuelles sur mes indications (la négociation d'un
> nouveau papier appelé *facture.*)

Auteur, en 1832, d'un autre travail également imprimé, intitulé : « DESCRIPTION de toutes les manœuvres
« et de toutes les intrigues scandaleuses employées et
« tolérées à la Bourse de Paris, depuis 1823. »
J'y disais entre autres choses, et par opposition aux
déplorables résultats de l'agiotage : « La nation fran-
« çaise est commerçante et industrieuse au plus haut
« degré d'activité et de perfection ; procurez-lui des dé-
« bouchés à l'exportation pour l'écoulement de ses pro-
« duits fabriqués et manufacturés ; n'accumulez pas par
« des systèmes de douane et de fisc ces mesures prohibi-
« tives qui paralysent ses relations extérieures et produi-
« sent par conséquent des représailles ; ouvrez de nou-
« velles routes et rétablissez les anciennes ; continuez le

« creusement des canaux pour favoriser largement la na-
« vigation et toutes les voies de communication possibles ;
« faites des approvisionnemens en denrées indigènes lors
« des bonnes récoltes, de manière à ne pas vous exposer
« lors des mauvaises à l'importation ruineuse des blés
« étrangers. Et, par un astérisque, je terminerais ainsi :
« Oserais-je émettre l'opinion que le gouvernement de-
« vrait autoriser l'établissement par actions de hautes
« banques dans cinq ou six des principales villes du
« royaume, pour escompter, à raison de 5 pour 100,
« toutes les valeurs négociables provenant d'opérations
« purement commerciales et industrielles ? Les avantages
« en seraient incalculables pour la province et pour
« l'Etat. »

> (Beaucoup de mes raisonnemens ont été, il me semble, com-
> pris et mis à profit, notamment l'établissement des *ban-
> ques provinciales.*)

Auteur enfin, en 1838, d'un troisième et grand ouvrage manuscrit à imprimer sur la réduction et la conversion des rentes 5 pour 100, lequel est entre mes
mains, et que je rédigeai ayant les discussions qui eurent lieu l'année dernière dans le sein des Chambres législatives,

J'ose à cet effet vous instruire, Monsieur le ministre,
que le projet de finances qui en est la conséquence a été
adressé par moi directement au Roi, ainsi qu'au Prince
Royal, les 28 mai et 6 septembre 1838 ; mais que ce
projet fut renvoyé par S. M. et par S. A. R. à l'examen
de M. le ministre des finances, votre prédécesseur, suivant avis écrits de leurs cabinets en date des 5 juin et
18 septembre même année.

M. Lacave-Laplagne daigna me faire répondre par la

direction de la dette inscrite, qu'on aurait recours à mes combinaisons financières, le cas échéant, et cette réponse du 13 juin 1838 porte la signature Boquet de Saint-Simon.

Me serait-il permis, Monsieur le ministre, de vous prier d'en prendre connaissance ? Vous y trouveriez peut-être la preuve de quelques bonnes méditations sur la matière.

Et d'abord, votre haute perspicacité jugerait de suite qu'*en temps de guerre comme en temps de paix*, le projet peut être mis facilement à exécution sans le moindre danger pour la fortune publique. De plus, vous reconnaîtriez aussi avec autant d'aisance et de raison, qu'aucun intérêt ne serait jamais froissé dans les droits plus ou moins bien contestés des rentiers, puisque, pour ma satisfaction personnelle, si j'en ai consulté une masse considérable, je n'en ai pas trouvé un seul qui ne trouvât extrêmement satisfaisans et équitables mes moyens concluans dans la réduction qu'en définitive tous consentiraient à subir de la sorte avec le plus grand empressement et sans susciter d'ennemis pour ainsi dire irréconciliables.

Sous ce rapport, souvenons-nous des crises financières et commerciales qui épouvantèrent le pays pendant la restauration, lesquelles ne prirent leur source que dans les fâcheuses combinaisons de l'espèce des années 1824 et 1825, et qui n'occasionnèrent jusqu'à sa perte que le trouble et l'animadversion dans la société, principalement, il faut le dire, sous l'inspiration et l'influence morale de ceux qui, d'adversaires alors, sont aujourd'hui les partisans les plus prononcés de mesures à peu près, sinon absolument identiques.

Il convient même d'ajouter, Monsieur le ministre, que votre département n'aurait jamais besoin du concours des capitalistes qui absorbent des sommes énormes par les bénéfices qu'ils prélèvent dans toutes les situations de services quelconques. Or, les emprunts seraient tout à fait exclus des opérations, et toutes celles-ci ne rouleraient que dans le cercle des attributions spéciales du ministère des finances; aussi le gouvernement seul en retirerait tous les précieux avantages, et, dans l'espace de cinq ou six mois, l'opération serait vraisemblablement consommée en entier, que la France soit, comme il est dit plus haut, aussi bien sur le pied de guerre que sur le pied de paix.

Au surplus, Monsieur le ministre, c'est là une question importante sur laquelle on ne saurait jamais trop appeler l'attention des dépositaires du pouvoir, car il ne serait nullement prudent de la rendre dépendante de l'ambition et des convoitises des agioteurs, mais bien de lui donner toute la signification réelle de l'équité et d'un suffrage éminemment national. Cela est même d'autant plus à envisager que tout ce qui s'est passé l'an dernier à la Chambre des Pairs doit faire mûrement réfléchir au futur projet de finances qu'à défaut du gouvernement, la Chambre élective pourra de nouveau incessamment réclamer et formuler, attendu que nous avons sous les yeux les engagemens presque positifs de tous les ministres de faire la proposition du remboursement ou de la réduction et de la conversion de la rente 5 pour 100 [1].

---

[1] Je voudrais bien pouvoir rapporter la multiplicité des engagemens pris par le gouvernement de réduire ou de rembourser cette valeur. J'ai, il est vrai, devant les yeux les opinions de tous les ministres qui se sont succédé depuis 1850, des commissions de finances et des adresses au

C'est pourquoi veuillez me permettre d'avoir l'honneur de vous adresser les observations qui précèdent pour le cas où vous désireriez, Monsieur le ministre, prendre communication du projet dont je viens de vous entretenir, lequel se trouve déposé à la direction de la dette publique ; et c'est pourquoi aussi je crois que la position du ministre des finances va maintenant se trouver la plus engagée pour traiter avec la législature des plus grands intérêts matériels de notre époque.

Roi ; mais, je suis obligé de n'en faire que l'analyse, et la voici par année ou par date : En 1831, opinion du rapporteur d'une commission de finances ; en 1832, celle d'un autre rapporteur sur le budget des crédits demandés pour 1833 ; en 1833, celle du ministre des finances dans l'exposé des motifs du budget de son département ; en 1834, celle dudit ministre finissant sa note préliminaire du budget général des recettes et dépenses pour l'exercice 1836 ; en 1835, celle de ce ministre demandant la conversion à la tribune ; en 1836, celle du même ministre, lorsqu'il présenta l'ensemble de la fixation budgétaire, et dans cette session, les expressions solennelles du discours de la couronne amenant une résolution adoptée par la réprésentation nationale sur une prise en considération de la mesure dans sa séance du 6 février ; en 1837, explications très-étendues d'un autre ministre des finances, renfermées dans le budget de l'exercice 1838, daté du 4 janvier ; même année, 9e § de l'adresse de ladite Chambre ; le 8 janvier 1838, discours préliminaire d'un nouveau ministre des finances, en présentant le projet de budget de l'exercice 1839 ; le 15 dudit mois, longs commentaires de ce ministre devant la Chambre des Députés ; le 18 du même mois, autre discours très-développé prononcé à la tribune de cette Chambre par ledit ministre ; pendant cette année, le projet formulé par la Chambre des Députés, le rapport qui en a été fait le 3 avril, et toutes les discussions législatives qui eurent lieu ; l'adresse en réponse au discours du trône (voir le *Moniteur* du 5 janvier 1839) ; les engagemens pris, l'un par M. le ministre des travaux publics devant la Chambre des Pairs, le 20 mai suivant, et l'autre pris également, dit-on, le 28 décembre, par son collègue des finances, devant celle des Députés ; enfin, le paragraphe de l'adresse de janvier 1840 et le projet ministériel à soumettre aux délibérations législatives.

Me proposant donc d'adresser aux commissions de finances des grands pouvoirs de l'Etat le double de mes travaux, aussitôt qu'ils seront assemblés, je ne veux pas le faire avant de vous en prévenir, *par devoir*, vu que j'en ai fait hommage au monarque, et, dès lors, au gouvernement, et vu que mes intentions ont été dégagées en toutes circonstances de cet esprit d'intérêt ou de sollicitations quelconques, souvent importun depuis 1830, époque à laquelle je fus néanmoins, mais inutilement, appuyé par les plus chaudes recommandations du temps pour l'obtention d'une recette particulière.

En 1831, je les ai retirées du ministère des finances ces recommandations, et elles se trouvent dans mes mains avec soin et avec un sentiment profond de vénération pour le caractère de ceux qui ont bien voulu me les accorder sous la considération, il faut croire, de la connaissance parfaite qu'ils avaient de mon grand' dévouement au gouvernement de Juillet.

Recevez, Monsieur le ministre, l'assurance, etc. etc.

Signé J. B. Déchalotte fils.

RÉPONSE.

Ministère des finances.

Paris, le 14 septembre 1839.

Le ministre m'a fait renvoi, Monsieur, de la lettre que vous lui avez écrite, en date du 24 août dernier, concernant la réduction et la conversion des rentes 5 p. 100.

Je me suis reporté également au projet de finances qu'indique votre lettre, et que vous avez adressé au Roi en 1838. Il m'a été agréable d'entretenir le ministre des bonnes intentions dont on trouve la preuve dans votre travail.

J'ai, Monsieur, l'honneur de vous saluer avec considération.

Signé A. BAILLY,

Directeur de la dette inscrite.

EXPOSÉ DES MOTIFS.

ARTICLE 61 DE LA CHARTE.

« La dette publique est garantie. Toute
« espèce d'engagement pris par l'État avec ses
« créanciers est inviolable. »

PROJET DE FINANCES.

RÉDUCTION

DE L'INTÉRÊT DES RENTES 5 ET 4 ½ POUR 100,

PAR DÉCÈS OU HÉRITAGES.

Les 5 pour 100 sont réductibles, et ils s'élèvent
en totalité (budget de 1839) à la somme nominale
de . . . . 2,942,405,300 fr.

Les 4 et demi pour 100 sont
réductibles, et ils s'élèvent en
totalité (même budget) à la
somme également nominale de   22,813,333 fr.

Ensémble. . . . . 2,965,218,633 fr.

La réduction de 1 fr. sur 5 et de ½ fr. sur 4 ½
s'opérera après le décès de tous les titulaires ac-
d'une manière graduelle ; savoir :

ART. 1ᵉʳ. Les porteurs d'inscriptions 5 et 4 ½
pour 100 recevront pendant tout le temps de
leur existence le revenu qui leur est assuré par
l'art. 61 de la Charte sus-énoncé, dont aucune
interprétation contraire à la bonne foi et à la
loyauté ne peut atteindre l'une ou l'autre des parties contractantes.

ART. 2. Ces mêmes porteurs d'inscriptions de
rentes 5 et 4 ½ pour 100 recevront en échange
d'autres inscriptions séparées, l'une de 4 pour 100
seulement, et les autres viagères de 1 fr. pour les 5
et de 50 c. pour les 4 ½.

ART. 3. En recevant leurs intérêts, les anciens
titulaires restant possesseurs de leurs inscriptions
nouvelles 4 pour 100 et 1 fr. ou 50 c. en viager,
devront les exhiber toutes les deux à la fois pour
que l'estampille du Trésor y soit apposée distincte-
ment et séparément aux caisses préposées à cet effet.

ART. 4. L'inscription de 4 pour 100 provenant
du 5 ou du 4 ½ pourra se vendre au cours
de cette nature de rentes [1], ou pourra se conserver

---

[1] Il est évident qu'il vaudrait mieux que le porteur ne pût pas vendre
tant qu'il vivra ; car, en vendant, la bienveillance du gouvernement à
son égard disparaît ; mais le moyen de la vente est pour ne pas annihiler
sur ce fonds les opérations de la Bourse, qui seraient les mêmes qu'au
jourd'hui, pour tout ce qui devient indispensable en dehors de la spé-
culation que le présent projet pourrait replacer en bonne voie.

avec l'inscription de 1 fr. ou de 50 c. en viager.

Art. 5. L'inscription viagère de 1 fr. ou de 50 c. ne peut être vendue conjointement avec l'inscription 4 pour 100.

Art. 6. Si l'ancien titulaire du nouveau 4 pour 100 et de l'inscription de 1 fr. ou de 50 c. en viager a fait ou n'a pas fait la cession de son 4 pour 100, il produira toujours un certificat de vie pour recevoir l'intérêt semestriel ou annuel de sa rente viagère.

Art. 7. Le certificat d'existence sera fait sur une simple feuille de papier timbré ; il sera signé par deux témoins et certifié comme d'usage par le maire de l'arrondissement des titulaires pour Paris, et par les maires des communes des départemens, dont les signatures seront légalisées par celles des préfets ou des sous-préfets.

Art. 8. Toutes les rentes 5 pour 100 constituées aux noms de mineurs ou d'établissemens publics et de charité, de même que celles formant des dots et des majorats, seront réductibles de 1 fr. au bout de vingt et un ans et demi de jouissance de 5 fr. [1] d'intérêt, à compter du jour de la loi rendue pour la réduction ; et le gouvernement jugera lui-même, s'il y a lieu, de pourvoir à cette époque, au moyen

---

[1] Ce nombre d'années est à peu près le taux moyen de la jouissance présumée des porteurs de rentes, auxquels nous pensons qu'ils doivent être assimilés quant à la réduction, parce qu'il ne doit point y avoir de catégories.

d'un crédit budgétaire, au soulagement ou à la compensation que nécessiteront leurs situations respectives.

ART. 9. L'amortissement sera conservé à tous les nouveaux 4 pour 100 convertis, de même qu'aux anciens, qui s'élèveront, pour 1839, à 7,546,712 fr. de rente (ceux des caisses d'épargne déduits), à raison de 1 pour 100 du capital nominal, et c'est la proportion admise jusqu'à ce jour. Mais comme cet amortissement n'aura d'action qu'en conformité de la loi du 1er mai 1825, qui interdit le rachat au-dessus du pair, son prélèvement annuel portera nécessairement en déduction le capital des 4 pour 100 afférens aux titulaires décédés. De sorte qu'à l'expiration des soixante-trois ans qui forment, suivant le tableau ci-après [1], la durée de l'existence de toute la masse des rentiers, une énorme réserve se trouvant encore dans les coffres du Trésor pour subvenir aux travaux généraux d'utilité publique de l'époque, l'amortissement sur ce fonds total pourrait, si l'on veut, être dès lors annulé ou supprimé en vertu d'une loi, et par abrogation de celle du 17 mai 1837 [2].

[1] Voir, du reste, l'annotation portée au bas dudit tableau.

[2] Les fonds d'amortissement ont pour but d'éteindre ou de diminuer les dettes des États, de prévenir leur accroissement, et, par conséquent, de soutenir le crédit en conservant la confiance.

Si sa création en France, dans le cours des années 1816 et 1817, fut considérée et présentée aux prêteurs comme un moyen puissant de réduire ses charges, l'engagement pris avec eux et le respect pour la foi publique en permettaient-ils la suppression ou le détournement pour un

Art. 10. Comme on suppose qu'il existe une quantité considérable d'inscriptions dont les propriétaires véritables sont inconnus ou spoliés, et que ces inscriptions s'élèvent à une somme très-forte en rentes 5 pour 100 [1], et se trouvent entre les mains de personnes qui en touchent les semestres sans qualité, le Trésor en reconnaîtra facilement l'abus et l'étendue au renouvellement des inscriptions de 5 à 4 pour 100; et, par cette rénovation des titres, par les déclarations et par les mesures d'ordre qui seront prises, il y aura trois circonstances favorables qu'une sage précaution peut seule concilier; les voici :

En premier lieu, la cessation ou la découverte des fraudes;

En second lieu, la rentrée en possession des propriétaires réels ou de leurs héritiers;

En troisième lieu, le profit du Trésor pour tout ce qui se paie indûment.

autre usage ? Or, ces motifs sont peut-être de nature à appeler l'attention sérieuse du gouvernement sur la nécessité d'apporter des améliorations dans la législation y relative.

[1] La supposition va jusqu'à 1 million de rentes ainsi payées.

DISPOSITIONS GÉNÉRALES.

D'après ce projet, l'administration de l'enregistrement et des domaines ferait consommer annuellement un grand nombre de feuilles timbrées pour les certificats de vie ; cela produirait déjà une somme assez élevée (Voir le tableau à la suite), laquelle décroît, sauf au milieu du cadre, depuis la première année jusqu'à la fin de la dernière de celles nécessaires pour clore la combinaison projetée.

Et par les extinctions annuelles, d'après la loi sur la mortalité, une autre somme très-élevée (Voir également le tableau à la suite), laquelle décroît aussi, sauf au milieu du cadre, depuis la première jusqu'à la fin des mêmes années.

De sorte que, suivant le tableau, si l'âge des rentiers n'est calculé que depuis vingt à soixante ans, en laissant la première année pour l'extinction primitive, le bénéfice total du gouvernement à l'expiration des soixante-trois années pour l'extinction générale serait de 33,647,332 fr.

Mais voici encore tout ce qui résulterait du projet actuel dès la deuxième de ces soixante-trois années d'exécution :

1° L'État ne paierait plus que 3 et 4 pour 100

d'intérêt à tous ses créanciers, nouveaux comme anciens, non compris les 1 fr. et $^1/_2$ fr. en viager.

2° Le gouvernement aurait la satisfaction de n'apporter aucun dérangement dans leur situation jusqu'à leur décès et, par ce moyen salutaire, les porteurs du 5 et du 4 $^1/_2$ pour 100 diraient avec vérité que leurs héritiers pourront avoir le temps plus ou moins long de se prémunir contre les chances désastreuses de l'avenir.

3° L'agiotage rentrerait forcément dans un cercle sage et mesuré, et nous ne verrions plus dorénavant les honorables représentans de la France, des ministres du Roi, proclamer unanimement à la tribune nationale les intrigues scandaleuses et peut-être à raison, dit-on, les honteux abus qui se commettent en plein jour à la Bourse de Paris [1].

4° Il ne se créerait pas de fâcheux et énormes emprunts pour rembourser les rentes, et ce grand et puissant levier des gouvernemens dans les mauvais jours, en trouvant des prêteurs dont la con-

---

[1] La morale publique passant avant toutes les considérations financières, ce sera toujours un grand honneur pour le gouvernement fondé en juillet d'avoir, au milieu de tant d'embarras, aboli la loterie et les jeux qui rapportaient *seize millions de francs par an;* mais l'agiotage est toujours debout, et ses conséquences sont d'autant plus funestes et affligeantes, qu'à voir son aliment le plus faible (les actions industrielles), il y en a eu d'émises et de cotées à la Bourse pour une somme de 749 millions depuis le commencement de 1837 jusqu'à la fin de mars 1838 seulement (Assertion ministérielle du 18 avril de cette dernière année). Qu'on juge du reste.

fiance n'aurait point été altérée ou trompée, serait soigneusement réservé pour ces temps-là, s'ils
arrivaient.

5° On ôterait de suite aux spéculateurs et agioteurs toute la prétention qu'ils ont d'exercer leur
ambition et leur cupidité jusqu'à l'accaparement
des fonds provenant du remboursement des 5 pour
100 non convertis, et à l'égard de quoi ils éta-
blissent de si belles conjectures depuis longtemps
avec une espèce de fanatisme.

6° De grands avantages résulteraient en faveur
de la nation de ce que la Trésorerie aurait à son
entière disposition toute la précieuse et prodi-
gieuse réserve de l'amortissement qu'elle pourrait,
en vertu d'une loi, affecter pendant un certain
laps de temps aux travaux généraux d'utilité publique, ainsi qu'aux voies strictement indispensa-
bles de communication que réclame le siècle.

7° On ne ressusciterait point la loi révolutionnaire et spoliatrice du 24 août 1793, à laquelle
on s'efforcerait en vain de trouver un correctif
dans les lois du 9 vendémiaire an 6 et du 21 floréal
an 10, de même que les odieuses combinaisons
financières des années 1824 et 1825.

8° Les puissances étrangères réduiraient toutes,
si elles le veulent, le taux de l'intérêt de leur
dette publique, mais la France tiendrait fidèle-
ment ses engagemens envers ses créanciers avec
une loyauté dont nul d'entre eux n'aurait jamais

à se plaindre, particulièrement pendant le reste de son existence.

9° On ne s'exposerait pas à un second et unanime rejet de la loi par la Chambre des Pairs [1] ; et, en cas de son adoption ultérieure par elle, après avoir été adopté par la Chambre des Députés, on ne pourrait jamais dire d'ailleurs, si la mesure telle qu'elle a été de nouveau proposée ou qu'elle pourra l'être encore plus tard , vient à rencontrer de grands obstacles et à produire de la perturbation dans les finances (choses qu'il est impossible de prévoir et de prévenir surtout avec les principes égoïstes et fallacieux de cette mesure, avant comme lors de sa mise à exécution) : C'est le Roi des Français qui l'a fait proposer par l'organe de ses conseillers, selon sa prérogative mentionnée à l'article 15 de la constitution [2]. En effet, tous les avis de MM. les ministres de Sa Majesté soit sur l'inopportunité de l'opération, soit pour combattre les projets financiers qui n'étaient pas ceux de l'administration privée d'initiative, ont jusqu'à ce jour été constamment peu goûtés et écoutés. Or, une semblable proposition ne semblerait plus guère devoir être faite à la législature, si ce n'est toutefois qu'un plan quelconque de réduire l'intérêt de la rente est probablement arrêté aujour-

---

[1] Ce second rejet a effectivement eu lieu dans sa séance du 25 juin 1838.

[2] Cependant, après cet article fait en 1838 , on a vu celui qui a nouvellement été proposé le 16 janvier 1840.

d'hui et sera (comme il l'a été) très-prochainement présenté à l'examen des Chambres par M. le ministre des finances.

10° Enfin, par les dispositions du présent projet, l'article 64 de la Charte constitutionnelle conserverait sa force, son sens et sa pureté, et plus d'un million de créanciers de l'État ne se trouveraient pas atteints immédiatement par la mesure de réduction, parce que, ne considérant pas qu'ils sont deux cent cinquante et un mille seulement, il faut voir que les titulaires de ce dernier nombre sont presque tous pères, mères ou têtes de familles [1].

D'où il suit que ce projet est essentiellement de nature à ne jamais porter aucune atteinte à la moralité publique, à ne point occasionner subitement de tristes et pénibles changemens dans l'existence particulière de deux cent cinquante et un mille rentiers titulaires et d'un million avec ces copar-

[1] Voici l'opinion émise à la Chambre des Pairs, le 8 juin 1838 (*Moniteur* du 9), par un de nos plus habiles financiers et ancien ministre des finances :

« Jusqu'à 100 fr. de rentes 5 pour 100, on trouverait déjà 100,795 petits propriétaires, dont 44,712 de 100 fr. et au-dessous, 42,171 de 101 à 500 fr., et 13,912 de 501 à 1,000 fr.; tous les autres de sommes beaucoup plus élevées. » Mais le travail qui, selon lui, avait été commencé, et dont le résumé se trouvait établi au 22 mars 1836, pour connaitre la quantité des rentiers dans toutes les positions, n'aurait pas été continué depuis. Peut-on penser que tout le travail dont il s'agit est terminé aujourd'hui ?

L'honorable pair disait, à la date précitée, que, « sur le nombre total des propriétaires de rentes 5 pour 100, il y avait 104,086 titulaires domiciliés à Paris. »

tageans, à n'ébranler nullement les imaginations, à ne pas secouer les fortunes, à ne produire ni oscillations ni saccades dans les relations journalières et multipliées de la Bourse ou , pour mieux dire, du crédit public en général ; mais que , bien au contraires, ses justes, sincères et loyales combinaisons sont vraiment tout à fait suceptibles de conserver ces relations avec soin et ce crédit d'une manière non moins favorable que fixe et immobile, alors surtout que de sa simplicité ressort encore l'immense avantage qu'il pourrait, dès à présent, être mis à exécution sans le moindre danger, aussi promptement même pendant une guerre continentale qu'au sein de la paix la plus parfaite.

Il y aurait, par conséquent, volonté et satisfaction publique de mettre un terme à la question qui , désormais, peut être reproduite dans chaque session.

Les grandes ressources de la temporisation pour l'examen et les résolutions à prendre relativement aux intérêts matériels vont bientôt rendre le dernier soupir, eu égard aux talens bien autrement supérieurs qui arrangent au fur et à mesure toutes les affaires politiques de l'extérieur.

La question belge est terminée ; celle d'Espagne le sera infailliblement sous peu , et les collisions d'Orient finiront par être de même arrêtées en présence de la force des choses qui aplanit tôt ou tard toute difficulté internationale.

Ainsi la pacification de l'Europe pourra vraisemblablement se trouver encore pour longtemps assurée : c'est, en tout cas, le vœu continuel des cinq puissances médiatrices qui n'ont qu'à y gagner.

En résumé, lorsque toutes ces considérations auront été mûrement approfondies, on doit présumer qu'il ne sera plus permis à qui que ce soit de mettre l'administration au défi de pouvoir présenter sous un nouvel aspect un projet de réduction et de conversion des rentes.

Du reste, les défis s'adressent de côté et d'autre, et ceux qui les donnent comme ceux qui les reçoivent ne commencent leurs digressions que par des espiégleries ou de petites querelles d'amour-propre, avant d'arriver aux grands combats contradictoires et aux décisives discussions du Parlement.

Aux uns nous voyons prétendre avec l'assurance la plus remarquable qu'une merveilleuse mesure financière va naître ou renaître au lever d'un superbe soleil ; aux autres nous entendons prédire et soutenir à tue-tête qu'il n'y a point d'actualité, que rien de bon ne paraîtra, que rien ne pourra éclore, et que ce sera encore un enfant mort-né. Qui faut-il croire ?

Examinons la chose différemment. Admettons même tout pour le mieux ; mais faisons les réflexions suivantes :

L'élévation du cours des fonds publics ou la

hausse progressive des 5 pour 100 ne pourrait jamais empêcher la mise à jour d'un projet quelconque de réduire ce taux. Il serait fâcheux que les porteurs se reposassent trop sur la futile cause d'ascension. Ils sont suffisamment avertis depuis plusieurs années, malgré l'indécision et l'hésitation du pouvoir qui agit avec prudence. Or, les placemens qui s'y font journellement peuvent être exposés à faire un jour de fortes pertes. En effet, si , par exemple, le gouvernement opérait le remboursement au pair de 100 fr. envers les opposans à la conversion, il est évident que la vente à la Bourse ne devrait pas rapporter autant que ce remboursement de la part du débiteur réel : donc, la réduction amènerait forcément une baisse sensible sur les 5 pour 100, c'est-à-dire proportionnée à la valeur immédiatement inférieure soit du 4, soit du 4 ½ pour 100.

Cela n'empêche pas que les attaques se portent et se porteront constamment de droite et de gauche, toujours sur le centre, tantôt de la part de nombreux contradicteurs ou détracteurs, tantôt de la part de quelques défenseurs qui se disent pourtant des amis.

Quelquefois il existe une trève de boutade, de déclamation, de persiflage, et puis, lorsque des changemens trop fréquens surviennent dans les plus hautes fonctions, on recommence le feu à bout portant ; d'alié qu'on était, on se trouve comme par enchantement un beau matin dans le camp ennemi, on est conduit à se prononcer sans motifs plausibles contre d'honnêtes gens ou de généreux protecteurs mis à l'index, et enfin à agir en sens inverse de ses opinions de la veille; d'où il résulte que ce serait très-sage de ne plus désirer et extrêmement avantageux d'empêcher que tant d'hommes spéciaux se succédassent dans certaines branches administratives, puis que l'un peut y aggraver le mal de son devancier sans qu'on lui laisse suffisamment la faculté de le réparer, et que l'autre n'a pas assez le temps de se mettre en mesure pour y consommer tout le bien nécessaire.

Des ministres non politiques ne devraient jamais, du moins c'est notre opinion, être remplacés que sur leur demande ou après leur mort; tel serait en première ligne celui du département des finances, s'il ne préside pas le conseil.

Finissons ce chapitre. Le système financier à imaginer étant très-clair et des plus simples, nous espérons que l'état suivant mettra aisément les parties contendantes d'accord : le gouvernement avec les Chambres, celles-ci entre elles et avec les rentiers, ces derniers avec les relations générales du commerce et de l'industrie par l'abaissement du taux de l'escompte. Ainsi, tous les intérêts satisfaits seraient assis pour longtemps sur de fortes bases.

TABLEAU

TABLEAU

Des extinctions successives de tous les titulaires d'inscriptions de rentes réductibles et des produits annuels qui en résultent, depuis le commencement jusqu'à la fin de l'opération.

ETAT présentant, année par année, 1° le produit des réductions successives qu'éprouvera la somme de 29,538,118 f[r.]
qui doit être définitivement acquise au Trésor, après le décès des porteurs actuels des rentes 5 et 4 1/2 pour 100 ; 2[°]
valeur des timbres que nécessiteront les certificats de vie ; savoir :

ANNÉES.	RENTIERS			TAUX MOYEN de la rente individuelle.	SOMMES successivement acquises à l'État pour		TOTAL GÉNÉRAL.
	EXISTANS au commencement de l'année.	DÉCÉDÉS dans le cours de l'année.	RESTANS à la fin de l'année.		RÉDUCTION d'un cinquième sur l'extinction annuelle.	VALEUR du timbre à raison de 70 c. par an pour deux certificats de vie.	
				fr. c.	fr.	fr.	fr.
1re	251,000	4,749	246,251	117 68	538,870	175,700	734,570
2e	246,251	4,769	241,482	Idem.³	561,224	172,376	733,600
3e	241,482	4,798	236,684	—	564,637	169,037	733,674
4e	236,684	4,828	231,856	—	568,167	165,679	733,846
5e	231,856	4,869	226,987	—	572,992	162,299	735,291
6e	226,987	4,914	222,073	—	578,288	158,891	737,179
7e	222,073	4,962	217,111	—	583,936	155,451	739,387
8e	217,111	5,021	212,090	—	590,881	151,978	742,859
9e	212,090	5,089	207,001	—	598,883	148,463	747,346
10e	207,001	5,157	201,844	—	606,885	144,901	751,786
11e	201,844	5,237	196,607	—	616,299	141,291	757,590
12e	196,607	5,322	191,285	—	626,302	137,625	763,927
13e	191,285	5,416	185,869	—	637,364	133,900	771,264
14e	185,869	5,509	180,360	—	648,509	130,108	778,417
15e	180,360	5,609	174,751	—	660,077	126,252	786,329
16e	174,751	5,714	169,037	—	672,433	122,326	794,759
17e	169,037	5,820	163,217	—	684,907	118,326	803,233
18e	163,217	5,928	157,289	—	697,617	114,252	811,869
19e	157,289	6,040	151,249	—	710,799	110,102	820,901
20e	151,249	6,144	145,105	—	723,037	105,874	828,911
21e	145,105	6,245	138,860	—	734,923	101,575	836,498
22e	138,860	6,336	132,524	—	745,652	97,202	842,834
23e	132,524	6,422	126,102	—	755,752	92,767	848,519
24e	126,102	6,401	119,611	—	763,872	88,271	852,143
25e	119,611	6,561	113,050	—	722,110	83,728	855,338
26e	113,050	6,607	106,443	—	777,523	79,135	856,658
27e	106,443	6,641	99,802	—	781,524	74,510	856,034
28e	99,802	6,648	93,154	—	782,348	69,861	852,209
29e	93,154	6,652	86,522	—	780,463	65,208	845,671
30e	86,522	6,583	79,939	—	774,699	60,565	835,264
31e	79,939	6,505	73,434	—	765,520	55,957	821,477
32e	73,434	6,408	67,026	—	754,105	51,403	805,508
33e	67,026	6,276	60,750	—	738,571	46,918	785,489
34e	60,750	6,106	54,644	—	718,566	42,525	761,091
35e	54,644	5,896	48,748	—	693,851	38,251	732,102
36e	48,748	5,654	43,094	—	665,371	34,124	699,495
37e	43,094	5,380	37,714	—	635,127	30,166	665,293
38e	37,714	5,069	32,645	—	596,528	26,400	622,928
39e	32,645	4,726	27,919	—	556,161	22,851	579,012
40e	27,919	4,349	23,570	—	511,796	19,543	531,339
41e	23,570	3,956	19,614	—	465,549	16,499	482,048
42e	19,614	3,539	16,075	—	416,477	13,730	430,207
43e	16,075	3,110	12,965	—	365,992	11,252	377,244
44e	12,965	2,672	10,293	—	314,447	9,075	323,522
45e	10,293	2,236	8,057	—	263,138	7,205	270,343
46e	8,057	1,837	6,220	—	216,182	5,640	221,822
47e	6,220	1,400	4,820	—	164,756	4,354	169,110
48e	4,820	1,017	3,803	—	119,682	3,374	123,056
49e	3,803	669	3,134	—	78,729	2,662	81,391
50e	3,134	582	2,552	—	68,490	2,194	70,684
51e	2,552	501	2,051	—	58,959	1,786	60,745
52e	2,051	426	1,625	—	50,132	1,436	51,568
53e	1,625	359	1,266	—	42,249	1,138	43,387
54e	1,266	298	968	—	35,069	886	35,955
55e	968	244	724	—	28,714	678	29,392
56e	724	200	524	—	23,537	508	24,045
57e	524	155	369	—	18,241	366	18,607
58e	369	122	247	—	14,357	258	14,615
59e	247	90	157	—	10,592	172	10,764
60e	157	66	91	—	7,767	110	7,877
61e	91	48	43	—	5,649	64	5,713
62e	43	34	9	—	4,002	30	4,032
63e (*)	9	9	0	—	1,059	6	1,065
	5,870,306	251,000	5,619,306		29,538,118	4,109,214	33,647,332

33,647,532 fr.

OBSERVATIONS.

¹ L'intérêt annuel du 5 pour 100 est d[e] 147,120,265 fr. *dont le 5e est de 29,424,053 f[r.]

L'intérêt annuel du 4 1/2 p. 100 est de 1,026,600 fr., dont le 9e est de 114,065 fr., ci.......... 114,065

Somme égale....... 29,538,118 f[r.]

² Nous avons pris pour base le nombre d[e] 251,000, dont 250,000 en 5 pour 100 ** et 1,00[0] en 4 et demi pour 100, et nous avons fixé la durée de l'existence de ces rentiers, d'après le tableau de la loi sur la mortalité inséré dans l'*Annuaire du Bureau des longitudes* de l'année 183[8]

³ À une légère fraction près.

* Dans cette somme sont comprises :
1° Les rentes immobilisées dont font partie celles tran[s]férées à la caisse d'amortissement ;
2° Les propriétés de mineurs réductibles par une moyen[ne] d'années, comme il est dit à l'art. 8 du projet, pour to[us] les établissemens publics et de bienfaisance ;
3° Les inscriptions départementales ;
4° Enfin, toutes celles constituées aux noms de Franç[ais] et d'étrangers.

Sans doute on aurait pu, d'après deux de ces explica[-]tions, c'est-à-dire les rentes immobilisées ou transférées [à] la caisse d'amortissement, dont le montant est d'une somm[e] de plus de 40 millions, ne porter la totalité de celles r[é]ductibles par extinctions qu'à 100 millions de francs env[i]ron ; mais cela ne changerait pas beaucoup les résultats [et] chiffres, puisque nous aurions toujours à peu près la mêm[e] quantité de parties prenantes : ainsi, la différence ne pou[-]vant provenir que d'une restriction sur l'emploi des papie[rs] timbrés, le présent tableau est établi de cette maniè[re] pour faire mieux cadrer les calculs avec la somme du bu[d]get des dépenses publiques afférentes aux 5 pour 100.

** Si ce nombre de 250,000 rentiers (A), donné [en] 1838 par un journal qui paraissait puiser ses renseigne[-]mens à bonne source, est exact, toutes nos indicatio[ns] actuelles sont justes ; si, au contraire, l'énumération éta[it] moins élevée, et que les sommes à réduire fussent défini[-]tivement plus faibles sur la masse des inscriptions de rente[s] l'opération en général serait bien plus tôt terminée par rap[-]port à une diminution sur les années voulues pour tout[es] les extinctions des titulaires.

(A) Un honorable député a dit (séance du 17 avril 1838[)] que la dette 5 pour 100 était répartie entre 260,000 rentier[s] dont 92,000 au-dessous de 500 fr. et 122,000 au-dessous [de] 1,000 fr. de rente ; par conséquent, le surplus au-dessus [de] cette dernière somme.

(*) Ce nombre d'années ne serait pas nécessaire pour voir en grand l'opération. Comme on voit que la masse des rentiers diminue progressivement, la moyenne en donnerait la moi[tié] d'éteints au bout des 23-24e années, les trois quarts des 32e-33e, les sept huitièmes des 38-39e, et dans une proportion de plus en plus décroissante jusqu'à la fin. Les bénéfices annu[els] pour le Trésor seraient, par conséquent, élevés suivant l'échelle des diminutions ; mais le présent tableau a dû être ainsi dressé pour tous les cas de régularité dans les prévisions. Il y a toujo[urs] un avantage marqué à donner un aperçu, et il ne s'est encore trouvé personne qui ait voulu de nos jours en faire le plus petit que ce soit sur la matière.

ANNEXE.

———

Malgré notre conviction, notre désintéressement et notre bonne foi, nous n'avons pas la prétention de croire que tout le monde va se ranger du côté de nos combinaisons financières ; nous nous attendons au contraire à beaucoup d'observations, à une grande opposition, et peut-être à autre chose de la part de gens qui font passer leurs critiques amères et non interrompues, sinon leurs intérêts, avant tout. Mais on tiendra bien un peu compte de notre bienveillance pour les créanciers du gouvernement, quand on saura qu'elle ne peut que former un contraste frappant avec les tendances à la haine qui leur est portée depuis 1824, et l'organisation, en 1825, du syndicat des receveurs généraux dont le but n'était que de les spolier par l'agiotage, car autrement il n'eût pas été dissous. Eh bien ! nous allons encore proposer un système qui mettrait fin à toutes les hésitations.

Ce serait la création d'une commission consultative et provisoire en dehors des Chambres. De la

manière dont elle serait composée, l'opinion et
les besoins généraux du pays recevraient une
puissante impulsion et une entière satisfaction.
La question de l'espèce une fois approfondie
avec indépendance et impartialité, il semble qu'il
ne faudrait plus que souhaiter de la voir ainsi ré-
solue ou ajournée pour toujours.

PROJET ADDITIONNEL.

Une commission est instituée et nommée par le
Roi, sur la présentation de M. le ministre des
finances, pour examiner avec la plus scrupuleuse
attention si les rentes 5 pour 100 doivent être réduites de l'intérêt, ou, à défaut, peuvent devenir
passibles d'un remboursement facile dans toutes
les éventualités.

Cette commission prend le titre de *Comité des
Rentiers*.

Quatre pairs de France et quatre députés en
font partie. Le ministre des finances la présidera.

SAVOIR :

PAIRS DE FRANCE.	DÉPUTÉS.
MM.	MM. . . . . . .
—	— . . . . . .
—	— . . . . . .
—	— . . . . . .

En cas de mort ou de non réélection de l'un
d'eux, il sera pourvu dans le plus bref délai à son
remplacement de la même manière que ci-dessus,
c'est-à-dire que le choix en est dévolu de droit au
gouvernement.

MM. les présidens des tribunaux de commerce
des chefs-lieux de la France sont sans exception
nommés d'office commissaires correspondans ou
délégués par leurs départemens respectifs auprès
du comité, et sont invités à s'enquérir de tous les
renseignemens et documens nécessaires, afin de
pouvoir lui donner un avis motivé sur l'importante
question en suspens.

Ceux d'entre ces notables que le gouvernement
jugera à propos d'appeler en personne auprès du
comité, seront pris de préférence parmi les présidens des tribunaux de commerce des grandes villes
du royaume; mais le comité pourra correspondre
directement avec les autres pendant tout le temps
de ses minutieuses recherches pour l'instruction
complète de l'affaire.

Le rapporteur de ce comité est un agent spécial
tel que, par exemple, le secrétaire du gouvernement de la Banque de France.

Aussitôt que le rapport sera fait sur l'opération
généralement examinée et approfondie, et que son
auteur l'aura lu en présence du comité, MM. les
présidens des tribunaux de commerce auront en-
tièrement terminé leurs travaux basés sur le bien

public, de même que sur les vœux ou les intérêts du département qu'ils représentaient. Ce rapport imprimé leur sera de suite communiqué en plusieurs exemplaires envoyés à leurs parquets.

Au bout d'un mois et à jour fixé par ledit comité, MM. les quatre pairs de France et MM. les quatre députés se réuniront pour délibérer à la majorité des voix selon les conclusions du rapport.

En cas de partage d'opinion, le Roi nommera, sur la présentation cette fois de son ministre du commerce, le plus ancien en fonctions des présidens des tribunaux de commerce des chefs-lieux départementaux, pour départager et prononcer définitivement, s'il y a lieu ou non de rendre les rentes 5 pour 100 réductibles ou remboursables, et pour enfin, dans toute hypothèse, déterminer les divers moyens à employer afin que la mesure soit considérée comme la plus juste et la plus profitable dans les intérêts du Trésor conciliés avec ceux des parties intéressées.

M. le ministre des finances, président, sera présent à cette séance sans y avoir voix délibérative, mais la voix consultative la plus étendue, ainsi qu'il en aura été dans toutes les séances précédentes.

Si la réduction ou le remboursement des rentes sont complétement admis en principe et résolus de droit par le vote du comité, il ne sera permis qu'au ministre des finances d'en établir le projet à soumettre par lui immédiatement aux Chambres.

L'ensemble du travail de la décision prise, renfermant la généralité des formalités et écritures qui s'y rapportent, sera imprimé en un ou plusieurs volumes et adressé, sans le moindre retard, à tous les membres de la législature qui prononcera en dernier ressort.

LETTRE AUTOGRAPHE

DE M. LABBEY DE POMPIÈRES, DÉPUTÉ.

« Paris, le 28 mars 1830.

« Monsieur,

« J'ai lu avec intérêt votre ouvrage (c'était un manu-
« scrit); j'aurais désiré pouvoir le relire encore, mais
« le temps et nos occupations m'en ont empêché. Si, au
« retour de la campagne, vous pouvez me le communi-
« quer une seconde fois, alors je prendrai les notes inté-
« ressantes qu'il peut suggérer.

« Si même je pouvais avoir une conversation avec vous,
« j'en profiterais pour certains éclaircissemens peu fami-
« liers à un ancien soldat qui ne connaît pas les ruses de
« l'agiotage.

« Je désirerais savoir aussi si on pourrait avoir des
« détails sur les cinq millions donnés à M. V..., *quand,*
« *par qui, à quelle condition et où cette somme est dé-*
« *posée.*

« Si vous daignez me le confier, soyez sûr que jamais
« on ne saura de qui je le tiens.

« Agréez, etc. *Signé* POMPIÈRES. »

LETTRE

DE M. LE GÉNÉRAL LA FAYETTE.

« La Grange, le 21 juillet 1832.

« J'ai reçu dans le temps, Monsieur, avec beaucoup
« de plaisir et de reconnaissance, votre ouvrage sur l'im-
« moralité de l'agiotage et sur nos relations financières,
« commerciales et industrielles. Notre respectable ami
« Labbey de Pompières aurait partagé l'intérêt qu'il
« m'inspire.

« Agréez, etc. *Signé* LA FAYETTE. »

CONCLUSION.

La question des rentes eut autrefois et a aujour-
d'hui beaucoup de partisans et d'adversaires,
quoique le rôle soit bien changé avec les hommes,
l'oubli des choses et l'oubli de la générosité qui
électrisait toutes les âmes.

En cela nous venons de citer les lettres de deux
des principaux orateurs qui luttèrent avec courage
et persévérance contre les vues financières que la
nation a eu la douleur de voir plusieurs fois repro-
duire sur la scène, et que certaines opinions veulent à toute force faire prévaloir. Que diraient les
grands caractères qui les ont écrites, s'ils existaient
encore ?

Le ministre de la restauration, dont nous avons
déjà parlé dans la préface de l'ouvrage, avait sans
doute des capacités. Comme administrateur, il
entendait les affaires. Son coup d'œil était rapide,
et un nombre infini des détails de la fortune publique se sont améliorés dans ses mains ; on pou-

vait lui rendre cet hommage, et l'on doit toujours être prêt à rendre justice à ses antagonistes, quand l'occasion s'en présente.

Chef de la Trésorerie, il créa un système immense qu'il voulut étendre avec trop d'opiniâtreté ; mais ce système colossal était plein d'incohérences et d'impossibilités. Les discussions des Chambres l'ayant percé à jour, le successeur des Sully et des Colbert fut bientôt jugé, et tous ses projets alternativement battus en brèche.

A présent on le fait beaucoup causer ou agir ; on dit qu'il écrit souvent ; on rappelle son génie financier ; on le prône, on le porte même fréquemment aux nues ; enfin ses œuvres pourraient, au besoin, être recherchées de la foule. Ah ! pour le respect dû à son ancienne dignité, il ferait bien mieux de rester tranquille, de se taire et de nous laisser perdre de vue les traces profondes et coupables de sa trop longue et tyrannique domination ; et, après toutes ses imprudences et ses folies gouvernementales, qui ont accumulé tant de calamités sur sa patrie, et dont il ne semblerait pas vouloir encore se fatiguer dans sa solitude de gros propriétaire et d'imposable en proportion de sa fortune, sans qu'il eût lieu de s'en plaindre, il devrait prudemment être peu empressé de nous faire répéter tous ses antécédens de détestable mémoire.

Examinons tranquillement s'il doit se permettre d'accuser un gouvernement fondé par la volonté du peuple de mal administrer les affaires de la France; car, dès l'instant, et en admettant que sa justification dût en ressortir, ne pourrions-nous pas former des vœux et prendre la permission de dire à notre tour :

Habitans de la Haute-Garonne, renvoyez-nous donc à la députation votre ancien élu et pair de France éliminé; il aidera beaucoup à retirer notre pays des grands embarras et du marasme où il se trouve, à l'en croire, par la faute de mauvais administrateurs. Des changemens très-importans sont survenus dans ses idées rajeunies pour modeler la législature, l'administration et le gouvernement. Récapitulons-les de suite.

Ainsi son début sera d'être franc, loyal, désintéressé, de ne jamais s'écarter de la droite raison, de la saine logique, et de jouer toujours cartes sur table.

Il affirmera avec véhémence que tous les ministres d'un roi vraiment constitutionnel ne sont revêtus de cette dignité et de cette haute marque de confiance que par les services éminens qu'ils ont rendus à la patrie et par le suffrage national; qu'à cet égard il ne convient nullement à un chef de cabinet de se détacher de ses collègues (de ceux qui sont les meilleurs, les plus instruits et ont le plus de loyauté) en les chassant brutalement au point du jour de leurs hôtels, sans autre forme de procès que la courte lecture d'une annonce officielle insérée au *Moniteur*, et, à l'exemple de beaucoup de banquiers d'Europe ou de marchands de noirs aux colonies, qui renvoient comme ils prennent des commis aux écritures.

Ses intentions ne seront plus de faire marcher dans l'intérieur de l'Espagne, comme en 1823, une armée de 100 mille hommes traînant à sa suite un trésor considérable (emprunt de 23,114.516 fr. de rente 5 pour 100 adjugé au pied de

89 fr. 55 c.) destiné à rester dans le pays conquis, pour y terrasser des révolutionnaires qui tenaient leur souverain légitime en captivité à Cadix; mais il voudra qu'on porte 3 ou 400 mille baïonnettes sur le Rhin pour châtier toutes les puissances du Nord qui n'ont pas assez secouru de leurs armes un autre et prétendu roi d'Espagne (aujourd'hui également prisonnier à Bourges) où il reçoit une si touchante hospitalité que cette leçon lui conseillera probablement d'y sécher toutes les larmes, en évitant de faire répandre de nouveaux flots de sang pour une cause perdue, après avoir été prise au dépourvu au bout de cinq ans de flagrant délit, et d'une bizarre situation révolutionnaire ou de guerre civile d'un prince chrétien.

Sa haute probité le poussera à renouveler, sans le moindre retard, tous ses projets financiers du temps d'une puissance sans limites donnée à tort au premier ministre de la branche aînée des Bourbons; toutefois, ce ne sera plus pour être suspecté de vouloir, par ce moyen, et comme en 1824, fermer les dernières plaies de la révolution en indemnisant les émigrés, puisqu'au contraire tous les légitimes créanciers du Grand-Livre seront vivement émus de voir encore leurs intérêts chaudement soutenus et conservés avec une constance admirable par l'ingénieux créateur d'un système familier de réduction ou du remboursement des rentes 5 pour 100, avant d'avoir pu procurer l'émission du 3, du 4 et du 4 $^1/_2$ combiné sur une hausse factice ou sur la baisse des valeurs à déprécier.

Par intimes convictions, il ne deviendrait jamais possible, à l'avenir, de proposer aucune loi du sacrilége ou de projets ressortissant à une matière analogue et portant dans leurs accessoires de fausses applications ou des fins de non-recevoir, ainsi que nous l'avons vu en 1825, parce que, dirait-il, on doit absolument marcher avec le siècle et établir de grands principes de bonification, non en ce qui touche le fond des préceptes religieux, mais sur la manière d'interpréter les dissidences, de rendre l'instruction claire, efficace et conforme à la liberté des cultes aussi bien qu'à l'intelligence des masses, pour arriver à faire considérer les prières comme plus belles et plus propres à être exaucées par le sentiment du langage.

Selon sa conscience, jamais personne n'oserait plus articuler de vieilles et surannées coutumes féodales, et, entre autres, celle qui aurait pour but atroce de faire des partages distinctifs de cupidité en faveur de l'aîné d'une famille, de même qu'on le désirait tant en 1826; car il soutiendra que la bienséance, la moralité et l'équilibre social ne permettent plus que l'un soit riche et d'emblée colonel, cardinal ou évêque, et l'autre pauvre, cadet, jésuite ou capucin.

Non-seulement si, à son avis, le rétablissement de la censure à plusieurs reprises de la part des gouvernans quelconques de la France devenait plus que le dévergondage de la dictature de 1821 à 1827, c'est-à-dire un crime punissable de haute trahison, à l'opposé la liberté illimitée de la presse, la communication facile de toutes les pensées et le libre exercice de l'enseignement devraient prendre maintenant le premier rang parmi tous les droits de la nature.

Une chose urgente de laquelle il voudrait qu'on s'occupât serait, sans contredit, celle d'empêcher la corruption vis-à-vis des écrivains; et pour y parvenir avec succès, son allégation conduirait à stipuler qu'il faut se hâter d'anéantir toutes les caisses d'amortissement de journaux, comme cela s'est observé sans résultat pendant les sept années de souffrance et de perplexité qui s'écoulèrent sous l'administration la plus impopulaire que l'histoire pût fournir au jugement des peuples.

Et, par-dessus tout, il y aurait lieu à poser de suite les grandes bases d'une réforme électorale; en sorte que, si le gouvernement s'avisait un jour de licencier la garde nationale de Paris, à l'instar du contre-seing de 1827, ou celles des principales villes du royaume qui, conjointement, maintiennent l'ordre public, forment la force réelle du pays et culbutent toute faction ou révolution, lui l'accuserait d'én être d'autant plus répréhensible et dangereusement compromis, que tout citoyen qui en fait partie doit à coup sûr exercer les droits politiques les plus larges en toutes circonstances, n'importe sous quel régime représentatif.

On ne sait pas, en vérité, où il faudrait mettre des bornes à ses dires actuels et futurs, gonflés qu'ils sont ou seraient d'innovations non moins curieuses qu'elles deviennent complétement déhontées, perfidement pernicieuses et bouleversatrices.

Dès lors, recommandons beaucoup à l'homme partial, à l'imagination prête à une injuste critique, de ne pas se creuser davantage le cerveau, et de se maintenir avec circonspection dans le repos. Notre époque n'est plus la sienne. Tous les Français rient de pitié en entendant prononcer son nom, et en voyant que des avis leur sont directement adressés d'une telle source : c'est encore pis quand ce sont des conseils qu'il a l'air de vouloir donner à un gouvernement, et lorsqu'on songe que celui qui le précéda s'est trouvé aux trois quarts perdu par la gestion, la volonté et les seuls faits arbitraires d'un caractère aussi plein de contradictions que le sien, aussi enclin aux récriminations et aussi propre à la chance des événemens sur toutes les questions morales . matérielles ou politiques.

Nous réclamons l'indulgence du lecteur pour être entré dans de si longs développemens à ce sujet. Ce qui nous y a engagé, c'est que celui qui en est la cause, celui dont le passé est empreint d'une haine implacable, a le premier mis sur le tapis l'affaire des rentes; c'est qu'il reparaît et se place hardiment devant nous en rodomont; c'est qu'il se dit ou qu'on le dit grand, très-grand, et qu'il fait ou qu'on fait tous les Français petits, extrêmement petits à côté de sa présomptueuse personne. Ses coryphées vont même jusqu'à lui donner la qualification d'homme d'État extraordinaire. Ce n'est point une illusion chez eux, c'est un mensonge, et la France n'a pas besoin que nous arrivions à d'autres récits pour en démontrer la preuve.

Ces inconvenances, ces indécences d'ailleurs ne nous étonnent point de la part d'une coterie dont le porte-étendard gouverna la France pendant une période climatérique de fièvres et de convulsions, et qui n'apporta d'autre remède à la maladie contagieuse que la violence accompagnée de toutes sortes de turpitudes pour favoriser la corruption et le gaspillage jusqu'au point de nous conduire à la ruine, à la mort.

Mais il ne convient point de lui donner continuellement raison et gain de cause sur la question financière en litige, alors qu'on voudrait toujours le même système qu'il a imaginé; car ce serait, comme ce ministre du temps l'entendait, vouloir l'option entre le remboursement et la conversion, c'est-à-dire recevoir le pair ou prendre des rentes inférieures; car, de plus, ce stratagème nous représenterait la même comédie, la même dérision, peut-être la même duperie : l'augmentation du capital, d'un capital fictif, pour avoir consenti ou pour consentir à devenir titulaire de ces rentes inférieures.

La partie de l'opinion publique qui repoussait si énergiquement toutes les embûches et les germes de l'opération, proposée et maintenue en expectative avec obstination dès 1824 jusqu'en 1830, serait-elle donc celle qui admet comme bon, comme excellent principe leur mise complète à exécution depuis la révolution de juillet ? Voilà ce qu'il s'agit de savoir.

Qu'on jette un coup d'œil rapide sur toutes les graves discussions qui éclatèrent en ce temps-là au sein des Chambres législatives, dans la presse et dans toutes les conversations particulières, qu'y observera-t-on comparativement à ce que nous voyons treize ou quatorze ans après seulement? La chose la plus singulière du monde, la chose la plus excessive en contradiction : un changement total dans la force des règles, dans l'esprit des praticiens et des théoriciens, dans la vraie science de l'économie sociale.

En effet, s'il est permis de s'exprimer de la sorte, je demanderai à l'impartialité de mes compatriotes la cause de cette aberration ou de cette légèreté qu'un grand nombre d'enthousiastes apportent avec trop de précipitation dans les investigations à faire sur des projets dont la décision à intervenir exige à tel point un examen si approfondi, qu'il doit être constamment en dehors de tous calculs hasardés, de tout esprit de parti; je la demanderai aux connaissances pratiques et autres de toutes les autorités qui administrent notre pays et constituent son bien-être par le plus ou le moins d'influence qu'elles y exercent; j'oserai même en faire la demande à la représentation nationale et particulièrement aux conseillers de S. M. Louis-Philippe, que la généralité des documens sur la matière sans cesse offerts à leurs regards rendent toujours les mieux instruits.

Cette cause, grand Dieu! oh! il me semble qu'elle ne devra pas être difficile à deviner, de la manière dont je vais rappeler quelques bons souvenirs.

Comment, toutes les opinions indépendantes, depuis 1824 jusqu'à 1830, presque tous les publicistes les plus distingués, généralement l'opposition dans toutes les situations publiques ou privées, tout ceux enfin qui voulaient personnifier en eux le désintéressement et se présenter à la France libérale comme modèles de loyauté et de vertu, en y montrant de plus et à la fois la réunion des plus beaux caractères philanthropiques et de la compassion vis-à-vis des pauvres petits rentiers ; en un mot, tout l'ensemble de ces élémens de force et de popularité ne maudissait-il pas les horribles conceptions financières de cette époque orageuse ? Il n'est nullement possible de dire le contraire, et d'ailleurs il n'y a point de spectateur qui oserait s'y aventurer.

Tous les projets, toutes les méditations furent repoussés avec une réprobation si prononcée et si sentimentale, même par un rejet tellement significatif ou expressif de la Chambre haute, qu'il n'y avait pas un seul pair de France qui ne fût salué et n'eût pu être porté en triomphe, sans en excepter tout le banc des évêques, qui fit l'admiration de toutes les classes de la société pendant comme après les mémorables séances de cette Chambre : aussi illumina-t-on spontanément dans tout Paris.

Ainsi on a grandement tort de tant nous parler des honteuses combinaisons de ces jours malheureux et de crise, pour les ressusciter et en renouveler les écueils dans des jours de calme et de prospérité ; car, avouons-le, c'est prétendre que la flétrissure qu'elles ont unanimement reçue n'a pas été justement appliquée par les suffrages de la France contemporaine, qui offre l'exemple de luttes et de victoires parlementaires les plus brillantes et les plus patriotiques.

Ne vaudrait-il pas mieux respecter le verdict d'où est sortie cette flétrissure ! et cela pour empêcher non-seulement que les inventeurs du projet qui en fut la cause se trouvassent glorifiés en alléguant qu'il devient impossible d'en imaginer d'autres, mais qu'en outre ils ne puissent prétexter davantage, en disant que le seul système à suivre est celui du chef qui dirigeait le ministère déplorable : épithète parfaitement choisie.

Sans doute il y a beaucoup de courage, il y a un grand honneur à rester profondément pénétrés d'idées financières qui, quoique novatrices et souvent subversives, peuvent cependant être établies avec quelque bonne intention; mais il n'y a pas moins d'honneur et de courage à se rencontrer avec constance dans une opinion contraire pour leur application lorsque principalement on met le doigt sur les expressions plus positives et sacrées d'un pacte fondamental dont, avant de conseiller la violation, il serait au moins nécessaire de demander le changement ou la modification.

Il est essentiel aussi de se persuader qu'il n'y a plus de la science en économie publique uniquement chez un petit nombre, qui se montre sous le titre de spécialité, et qui enveloppe fréquemment de nuages le fond de ses pensées; on en trouve maintenant partout, et beaucoup chez la plupart des hommes de rangs secondaires, par l'effet de la lumière qui jaillit des tribunes législatives, pour dévoiler et stigmatiser tous les projets cupides et déloyaux qui pourraient tendre à des bouleversemens.

La vraie, seule et utile spécialité dans l'espèce, c'est celle que la délicatesse comporte et qu'on doit décrire de la manière la plus simple, pour qu'elle soit à la portée de toutes les intelligences.

Malheureusement les économistes expérimentés, les graves praticiens, en fait de signes représentatifs ou de fonds publics d'une émission en tous lieux si facultative, et pour l'arrêt à rendre selon l'exigence plus ou moins favorable des placemens de capitaux au titre d'un rapport légal, sont extrêmement rares par suite d'occupations multipliées dans les débats politiques où ils se lancent avec une sorte d'abandon à l'ardente propension qui les perd vite. L'adresse en ce sens n'est pas d'un assortiment complet propre à tous les caractères. Ceux qui savent se conserver voltigent de tête en queue des partis, suivant les circonstances désastreuses qui sont les résultats de leurs divisions, *et vice versâ*, cherchent à profiter de celles opportunes pour se replacer en bons chemins de protection ou d'espérances, saisir ou ressaisir le pouvoir, conduire ou reconduire le vaisseau de l'État près, à les entendre, de faire naufrage; et tout cela, pendant deux ou trois ans au plus, s'il ne faut pas toutefois compter par mois. Toutes les particularités réunies sur ce point produisent

tant d'instabilité dans les idées, de si préjudicia-
bles changemens dans les choses, que le malaise
social survient et s'accroît avec l'entraînement
des passions vers le plus mal lorsque le mieux se
réclame vainement. N'avons-nous pas à en montrer
tous les funestes exemples depuis 1815, lesquels
n'ont jamais laissé, qu'il le soit dit en passant, un
seul instant de répit à quelques bons esprits, très-
capables et animés des plus louables intentions?
Dès qu'on est porté à la députation, le désir d'a-
voir un portefeuille vous prend avec la ferme at-
titude de déraciner les vieilles routines non moins
que les prétendues erreurs de ses prédécesseurs.
Point du tout; il existe là des barrières infranchis-
sables qu'aucune innovation ne peut détruire à
l'aide de son caprice : ce sont les lois et règlemens
qui régissent les attributions du pouvoir adminis-
tratif confié à votre garde. Telle bonne volonté que
l'on ait, il n'est donc guère possible de faire autrement que son devancier. Le cas même s'en présentant, ce ne doit encore être que dans le cours
d'une carrière que de longues études de la matière
fortifient progressivement. Trois mois de ministère en apprennent assurément plus que beaucoup d'années d'opposition : à chaque révolution
ministérielle n'en avons-nous pas la preuve?

D'un autre côté, des hommes d'Etat, qu'on pourrait raisonnablement considérer comme les solides
et profonds appréciateurs de tous les besoins géné-

raux réels du pays , se mettent trop souvent à l'é-
cart dans les momens difficiles à calmer et semblables à celui où l'on se trouve pour la quatrième
fois , sans les incidens annuels relativement au
grand problème à résoudre bon gré mal gré d'une
humeur décidée; car un nouvel ajournement ne
deviendrait utile à rien, serait au contraire fort
embarrassant et entraverait bientôt la marche des
affaires gouvernementales , administratives , financières et commerciales.

Personne n'a jamais vu d'opinion publiquement
bien arrêtée sur les divers principes de rendre les
rentes réductibles ou remboursables, de la part
de feu un illustre diplomate dont la vieille devise
de famille était : « *Il n'y a de Roi que Dieu* [1] », et

---

[1] En se reportant aux deux lettres de la page 56, on sait que l'un de
leurs signataires franchissait, malgré ses quatre-vingts ans, les bar-
ricades de 1830 , pour aller présider, comme doyen d'âge, les députés rassemblés et délibérant contre les ordonnances de Charles X. On a
également connaissance que l'autre, maitre des négociations entre la
royauté et le peuple vainqueur, prononça à midi et demi le terrible arrêt : « Il est maintenant trop tard. »

Mais du prince de Talleyrand on ne sait rien, et cependant voici ce
qu'il fit en présence de trois grands diplomates français. Il commença
d'abord par demander à son secrétaire, et l'appelant par son nom :
« Quelle heure est-il? » — « Une heure moins cinq minutes », lui ré-
pond-on. Aussitôt un boulet de canon vint briser avec fracas une che-
minée de l'hôtel voisin. On visait évidemment sur son hôtel, et c'est
peut-être la même bouche à feu qui tira peu après deux coups sur le châ-
teau de Neuilly. « Et quelle heure actuellement »? répéta-t-il ensuite.
— « Une heure juste. » — « Alors écrivez : Le 29 juillet 1830, à une
heure précise de relevée, la famille royale de la branche ainée des Bourbons a cessé de régner en France. »

qui réunissait à son puissant génie des vues théo-
riques très-étendues en administration de finances
ou de toute économie politique, preuves acquises
dans différentes occasions de longs entretiens avec
lui sur cet objet. On peut à peu près analyser et
rapporter ses paroles sentencieuses de 1825 comme
ci-après : « Les rentiers les plus pauvres font ab-
« négation du capital de leur créance, pour ne
« s'arrêter qu'à un revenu fixe et limitatif réglant
« ponctuellement tous les besoins de l'existence.
« Il convient d'observer envers eux tous les ména-
« gemens que le devoir et la délicatesse inspirent.
« La France ne donnera point l'exemple de l'in-
« gratitude : ce serait la noyer dans un fleuve
« d'argent fondu, dont la source n'émane que des
« sueurs de ceux qui l'ont creusé et rempli. Ef-
« forçons-nous de prévenir le désordre en détour-
« nant les coups. Cherchons à lui faire respecter
« tous ses anciens engagemens. Le passé, c'est la
« confiance et le patriotisme ; le présent, c'est la
« conscience et l'honneur ; l'avenir, c'est le crédit
« et la prospérité. »

Notre préoccupation actuelle ne devrait guère
se trouver en dehors des considérations financières ;
mais il y en a d'un ordre tout différent qu'il ne
nous est pourtant pas possible de laisser échapper,
et c'est encore ici le lieu de les signaler avant que
nous puissions nous occuper d'un autre ouvrage
qui entrât dans quelques détails sur le caractère

des grands dignitaires de notre époque, que nous avons contemplés ou contemplons au sommet des affaires depuis dix ans. Nos recherches à ce sujet conduiront à les envisager sous le point de vue de leurs actes en alliances de principes et d'intérêts. Ce sera alors que nous soulèverons la question de savoir s'ils ont bien ou mal agi, et s'il ne va pas de l'entier bonheur de la France de ce qu'ils n'ont nullement voulu la guerre et la propagande, qui sont les avant-coureurs comme les causes immédiates de toutes les perturbations sociales. Auparavant nous allons examiner (espérons du moins que notre mémoire sera fidèle) si notre nation n'a pas obtenu déjà toutes les améliorations légales et administratives pour tous les droits populaires réclamés sous la restauration ; et en outre, si certaines lois malheureuses dont ce gouvernement l'avait gratifiée, n'ont pas été rapportées par celui qu'elle a choisi.

En effet, commençons par nous souvenir que, dans les dernières années du règne précédent, un orateur très-grave et l'un des plus distingués de la représentation nationale a dit, un jour qu'il s'apercevait du parti pris de blesser la raison et les droits de toutes les capacités sociales indépendantes, et de couper définitivement la gorge à la libre communication des idées, à la presse : Où va-t-on ? où ira-t-on ?

A ces questions ne pourrait-on pas, aujourd'hui

que les Français jouissent à leur aise des institu-
tions et des prérogatives qui leur ont été si obsti-
nément refusées sous ce règne inquiet et désorga-
nisateur, opposer celle-ci : Que veut-on de plus
que ce qui est?

Ainsi par exemple :

PREMIÈRE CITATION.

Une Charte modifiée et plus d'article 14, comme
autrefois, pour suspendre capricieusement les lois;

La liste civile réduite de près de moitié;

Plus de troupes étrangères au service de l'État
et point de garde royale;

Une armée formidable, brave et bien discipli-
née, coûtant moins que jamais et vraiment pleine
de patriotisme;

Une marine dans la même situation;

De grandes alliances que l'intérêt réciproque
des peuples constitutionnels garantit forcément;

L'institution du jury tant réclamée;

Une loi départementale et communale que le
gouvernement précédent ne voulut pas accorder;

Des travaux considérables exécutés ou s'exécu-
tant dans toutes les directions et formant l'embel-
lissement comme la prospérité de toutes les cités;

Une garde nationale très-imposante, nommant
ses chefs;

De grandes voies de circulation ouvertes à la généralité des entreprises mercantiles;

L'établissement des banques départementales et des caisses d'épargne;

La liberté des associations en commandite;

La liberté des cultes;

La liberté de la presse et le droit de pétition largement exercés;

Le gouvernement recherché depuis 1791 (onze de toutes sortes ayant déjà tombé jusqu'à ce jour, et à l'égard desquels un seul a passé sur une autre tête par droit de succession au trône);

Un recueil de lois excellentes et conservatrices promulguées, et beaucoup d'autres lois pareilles qui en feront probablement bientôt le complément;

Et la France extrêmement riche de toute manière par ses finances, par l'affermissement de son crédit et par l'ensemble de ses produits territoriaux, dont j'ai estimé approximativement la valeur effective dans mon dernier ouvrage (f° 74).]

DEUXIÈME CITATION.

Des lois impopulaires rapportées et un reliquat non liquidé de 80 et quelques millions de francs relatif à l'indemnité des émigrés;

Une partie de l'Afrique occupée par conquête

au titre de possessions françaises du Nord et de l'Est ;

L'armée française ayant déjà franchi deux fois la frontière et volé au secours de son intime alliée (celle belge), dont le gouvernement était menacé par la Hollande et en face de plusieurs corps de troupes formant un total de 40,000 Prussiens contenus par 14,000 grenadiers français réunis ;

Occupation d'Ancône pendant plus de six ans, laquelle offrait tous les moyens de déborder l'aile gauche de l'armée autrichienne en Italie ;

Prise d'Anvers ;

L'amnistie ;

Reconstruction des galeries de Versailles, où sont si bien dépeintes toutes nos gloires nationales.

Sans doute il ne convient pas de donner constamment raison à un gouvernement, mais il ne s'ensuit ,pas qu'on doive non plus déverser toujours le blâme sur ce qu'il fait ; car, inévitablement, faire bien est parfois son partage. Soyez sévère quand il le mérite, rien de mieux ; néanmoins, cherchez à l'encourager lorsqu'il se met dans ce cas-là : tel est, ce me semble, le rôle tracé à tout publiciste, par la probité et l'amour du pays. Hors de cette voie, rien d'honorable. Est-ce la marche qu'on suit depuis notre régénération surtout ? non. Et cela a amené et amène encore chaque jour les résultats les plus désastreux; c'est ce qu'on ne saurait nier. N'est-il pas effectivement scandaleux de voir les mêmes hommes critiquer amèrement telle mesure dans un temps et la prôner dans un autre? Et pour quel motif? dira-t-on, parce que, dans le principe, la mesure proposée était l'œuvre d'un ministère qu'on avait pris à tâche d'abattre et que, plus tard, elle était l'ouvrage d'un pouvoir qu'on voulait maintenir quand même. Eh bien ! cette conduite inique, c'est précisément celle qu'on tient aujourd'hui à l'égard du projet relatif à la réduction ou au remboursement des rentes.

Il ne reste, à l'heure qu'il est, que très-peu de grands talens à se prononcer pour ou contre cette orageuse, cette épineuse mesure. Ne parlons que de deux, si l'on veut : du premier, qui fut le terrible adversaire du projet principal présenté à l'époque où il venait de publier l'*Histoire de la France à la fin du dernier siècle*, et était le plus intrépide des journalistes ; celui dont on fit choix pour remplir, en 1830, les fonctions de sous-secrétaire d'État au département des finances ; que la royauté appela ensuite au ministère, et qui, après tout, devint le président du conseil du 22 février 1836. Son avis est si urgent, tellement indispensable, qu'il conclura le différend en une courte série d'explications et à la hauteur de toutes les situations particulières. Voici déjà une opinion qu'il a émise relativement à la création du Grand-

Livre de la dette publique par Cambon (*Histoire de la Révolution française*, 1793, 6e édition, tome IV. pages 372 à 374) :

« Cette institution commençait le système du
« crédit public. Le capital de chaque créance était
« converti en une rente perpétuelle, au taux de
« 5 pour 100 : ainsi le créancier d'une somme de
« 1,000 fr. se trouvait inscrit sur le Grand-Livre
« pour une rente de 50 fr. De cette manière, les
« anciennes dettes, dont les unes portaient des
« intérêts usuraires, dont les autres étaient frap-
« pées de retenues injustes, ou grevées de certains
« impôts, étaient ramenées à un intérêt uniforme
« et équitable. L'État, changeant sa dette en une
« rente perpétuelle, n'était plus exposé à des
« échéances, et ne pouvait jamais être obligé à
« remhourser le capital, pourvu qu'il servît les
« intérêts. Il trouvait en outre un moyen facile
« et avantageux de s'acquitter, c'était de racheter la
« rente sur la place lorsqu'elle viendrait à bais-
« ser au-dessous de sa valeur. Ainsi, quand une
« rente de 50 livres de revenu et de 1,000 fr. de
« capital ne vaudrait que neuf ou huit cents livres,
« l'État gagnerait, disait Cambon, un dixième ou
« un cinquième du capital en rachetant sur la
« place. Ce rachat n'était pas encore organisé au
« moyen d'un amortissement fixe ; mais le moyen
« était entrevu, et la science du crédit public
« commençait à se former.

« Ainsi l'inscription sur le Grand-Livre simpli-
« fiait la forme des titres, rattachait l'existence de
« la dette à l'existence de la république, et chan-
« geait les créances en une rente perpétuelle,
« dont le capital était non remboursable [1], et dont
« l'intérêt était le même pour toutes les portions
« d'inscriptions. Cette idée était simple et em-
« pruntée en partie aux Anglais; mais il fallait un
« grand courage d'exécution pour l'appliquer à la
« France, et il y avait un grand mérite d'à-pro-
« pos à le faire dans le moment. Sans doute on
« peut trouver quelque chose de forcé à une opé-
« ration destinée à changer ainsi brusquement la
« nature des titres et des créances, à ramener
« l'intérêt à un taux unique, et à frapper de dé-
« chéance les créanciers qui se refuseraient à cette
« conversion; mais, pour un État, la justice est
« le meilleur ordre possible; et cette grande et
« énergique uniformisation de la dette convenait
« à une révolution hardie, complète, qui avait pour
« but de tout soumettre au droit commun. »

[1] Il est important de fixer son attention sur un avis aussi tranchant
et d'aussi grand poids, car il est certain que Cambon, en voulant créer
le vaste système de crédit public par l'amortissement, n'a dû avoir d'autre but que d'établir une loi d'allégement de la dette au moyen d'un
rachat partiel et journalier, comme cela se pratique en vertu d'une allo-
cation annuelle de fonds à ce destinés, et non d'un remboursement intégral du pair de 100 fr. Il ne resterait donc plus qu'à savoir si on a le
droit de réduire, selon les circonstances, l'intérêt d'une rente perpétuelle en 5 pour 100 consolidés.

Du second, auprès duquel la même nécessité se fait tant sentir, est vivement réclamée ; parce que tout espoir se fonde également sur lui comme sur le premier : c'est désigner l'homme le plus versé que nous sachions dans les sciences, que tout le monde connaît et qu'il serait facile de deviner, si même nous ne montrions pas le député de Lisieux ou bien celui qui fut aussi pendant six ans le ministre de Louis-Philippe.

Nul doute que les anciens collègues, se reportant à l'amour du bien qu'ils ont voulu et qu'ils feront toujours l'un avec l'autre ou séparément, se souviendront que toutes questions gouvernementales, depuis la révolution de Juillet, les trouvèrent réunis sur le même champ de bataille en communauté de sentimens et de vues patriotiques pendant plusieurs années de fatigues et de périls ; de sorte qu'ils se diront que celle de la réduction de l'intérêt ou du remboursement de la rente ayant été mise de côté par eux dans les temps de troubles civils et de crises révolutionnaires, qui ont produit de fortes stagnations commerciales, le moment est venu de s'emparer de la mesure pour qu'une fin populaire nous en soit enfin donnée aux jours de tranquillité et de repos.

L'opinion de ces deux illustres tribuns dirigeant les lettres du peuple le plus éclairé et civilisé de l'univers, compagnons de la liberté et hommes de la nation, vaudra bien celle de tous nos infatigables mécaniciens de la finance chez qui il faut ôter la ridicule prétention d'être dans le vrai, par le motif que nous avons laissé prévaloir jusqu'ici, qu'à eux seuls était réservé d'avoir toute l'aptitude désirable pour en juger au moyen de l'étalage de leurs orgueilleuses qualités ou de banquiers ou de cosmopolites, dont les brillantes fortunes veulent tout maîtriser.

Une brochure ou un discours de leur part sur l'ordre matériel de la dette 5 pour 100 constituée, aura certes autant d'importance qu'une brochure ou un discours en affaires politiques.

En rompant le silence, ils rompront ensemble la digue.

Tâchons de bien nous convaincre que tous les précédens ne sont pas de nature à influer sur la solution de la question en examen.

Or, et d'après tout ce qui précède, si le système établi par le projet que nous avons l'honneur de soumettre se trouvait juste, loyal et avantageux dans son exécution et ses résultats avec les améliorations dont il peut devenir susceptible, ce n'est plus à celui qui l'a conçu qu'il appartient d'en juger.

On se résume de la manière suivante :

1° Toutes les tergiversations politiques sont démontrées ;

2º L'embarras qui existe et qu'on suscite continuellement dans la généralité des situations parlementaires et gouvernementales est développé avec
clarté;

3º La marche à suivre pour remédier à un tel
état de choses, pour rendre enfin à la liberté ses
bienfaits, puis au pays un repos salutaire, se trouve
indiquée et incontestablement motivée par le besoin pressant autant qu'indispensable de moins
de versatilité dans les opinions et de plus de stabi-
lité dans les hommes du pouvoir : dans ma pensée,
moyen efficace, certain et j'ose dire unique, de
prévenir de désastreux et incessans bouleversemens;

4º Le remboursement de la rente devient en réa-
lité impossible, sinon inadmissible (page 9);

5º Un illustre historien s'est prononcé contre
(pag. 77 et 78);

6º La réduction et la conversion peuvent s'effectuer facilement, à la satisfaction du gouvernement,
de la législature et des créanciers de l'État, comme
à celle de toutes les relations financières, commerciales et industrielles, aussi bien en temps de
guerre qu'en temps de paix.

Par le projet, et aussitôt la promulgation de
la loi, tous les rentiers se porteraient en foule au

Trésor public pour échanger leurs anciens 5 et 4 ½ pour 100 contre une nouvelle inscription, naturellement incessible, de 1 fr. ou de 50 c. en viager, puis contre une autre inscription de 4 pour 100 transférable à volonté; et les porteurs, en retard d'opérer cet échange, s'apercevraient, mais trop tard, de la dépréciation plus ou moins sensible éprouvée sur le marché par toutes valeurs non converties en temps utile.

FIN.